密教の生き方

中村公昭
NAKAMURA Kousho

春秋社

密教の生き方

目次

Ⅲ

密教の生き方

I

密教の生き方

「願生し来たれり」

記録的な猛暑が続きましたが、ここ二、三日の雨で、山の緑も、空気や風も、一息ついているように感じられます。本日はお足許の悪い中、全国各地より遥々とお越しくださり、まことに有難うございます。

鏑射寺《かぶらいじ》の中村公昭《こうしょう》でございます。わたしは、聖徳太子ご開基と伝えられる真言宗の寺に生まれました。その鏑射寺は、かつては「摂津の国第一の壮観たり」と謳われたほどの名刹だったようです。

「願生此娑婆国土し来たれり《がんしょうししゃばこくど》」というお経の一文があります。身近では『修証義《しゅしょうぎ》』という経典の第五章第二十六節にもあります。「私たち人間は、仏道修行のために自ら願ってこの娑婆《しゃば》世界に生まれてきた」という意味で、生んでくださる親も、その生まれ出る境遇も、自ら選びに選んだ上で生まれてきたというのです。

このことは幼少の頃から両親に聞かされていたせいか、何ら疑問を感じたことはなかったように思います。しかし、子供というのは残酷なもので、親の職業を指さして、からかいや、いじめの対象にすることがあります。本人には何の落ち度もないのですが、私もみなと一緒になって、そんなことをした覚えがあります。今では本当に悪いことをしたと反省しておりますが、もう遅い。

クラスメートに、お医者さんの子供がいました。隣のクラスにも一人。付けたあだ名が「竹の子一号と二号」。ことあるごとにみんなではやし立てます。「竹の子、竹の子、いずれ立派なヤブになる」というのです。その報いは当然、寺の息子にもやってきます。「和尚さんの子供はお賽銭で食べている」というのです。一日中追いかけ回しましたが、つかまらない。そこで授業中、先生があちらを向いてお話をなさっている時に、教科書を持って後ろから忍び寄り、思いっきり彼の頭を叩きました。先生はびっくりなさる。叩かれた彼もびっくりする。あまりにもうまくいったので、私もびっくりする。先生に叩いた理由、また相手には叩かれた心当たりを尋ねられても、双方理由を言いませんので、結局、「教科書で人をいきなり叩いた罪」で、私は廊下に立たされました。廊下に立ったのは後にも先にもこの時だけです。

傷心を抱いて寺までの二キロの山道をトボトボと歩いて帰りますと、すでに学校から連絡が入っておりまして、帰るなり「お白州」に引きずり出されます。師父にありていに申し述べましたところ、「わたしは食べるために稼ぐことは一切していない。しかしあなたたちはお賽銭で大きくしてもらっているんだ。仏様に養っていただいているんだぞ。それを決して忘れてはならん」と強く言い渡されました。びっくりしました。涙も流れました。けれどもその夜、心の中にすーっと落ちたんです。もう次の日からは、何を言われても動じませんでした。

「願生し来たれり」には、何の疑いも感じておりませんでしたが、近年、筑波大学の名誉教授で分子生物学の権威、村上和雄先生が、人間に生まれ出てくる確率は、一億円の宝くじが連続して百万回当たるほどの偶然といった計算をしておられます。遺伝子学の分野で命の誕生を見れば、まことに稀有なことなのでしょう。

それほど選び選んで、願い願って、大変な難関を乗り越えて、寺に生まれさせていただいたのに、幼稚園の頃のわたしは、魚屋さんになろうと思っていました。鏑射寺の境内、西の一角に「南北堂」の跡があります。江戸時代の観相学の大家で、易聖と崇められた水野南北先生が籠られたお堂だということですが、そこは足元が切り立っていて、すごく見晴らしのよい場所です。

初冬の雲海は実に見事で、雄大で、あたかも波打ち際に立っている心地がします。雲海の向こうには美しい有馬富士や周辺の山々が浮かんで見えます。師父とそこに行くたびに「いずれここで鯨を釣ろう」と言っていたのを聞いていた影響もあったのでしょうか。

当時は、ステーキといえば鯨、竜田揚げが出れば鯨、フライも鯨、水菜の時期には鯨のはりはり鍋。今思えばずいぶん贅沢な話ですが、その頃は、鯨が蛋白源であったのでしょう。本当によくお世話になりました。子供心に、その鯨を売る魚屋さんになろうと。

しかし小学校五年の時には、長嶋茂雄選手に憧れて野球を始めました。サードのポジションは手に入れたのですが、もらった背番号は五番。三番をもらったファーストの同級生に「替えて」と頼みましたら、「ファーストは王貞治選手、一番となら替えてやる」と言われた思い出もあります。六年生になると、鏑射寺函館別院の堂内を飾る、水墨で画かれた大きな龍の絵に驚嘆して、「絵描きさんになりたい」と思ったこともありました。

中学、高校時代にはいろいろな職業に憧れていましたが、具体的に将来を考える年齢になってきました。幼少の頃から三田の甲斐摩耶子先生についてピアノを習っていまして、ご長男は東京芸術大学音楽科の教授、甲斐拙宗先生。弟さんが世界的フルート奏者の甲斐道雄先生。素晴らしい音楽一家でした。中学三年生の頃より、仲間六人で東京芸術大学教授の甲斐拙宗先生に週一回、ピアノ、聴音、楽典、作曲と指揮法を教えていただくことになりました。私以外は本気でその道を目指していた人ばかりで、その中に混じっていると、自分もこのまま音楽の道に進むように思いこんでいました。が、高校二年生の秋に先生が急逝されました。

あの当時、もちろん今も、突出して出来る方は別として、ドングリの背比べの中では、どのドングリがピックアップされるかということです。それは、どの先生について学んでいるのかということが大きく左右しておりました。音楽家への望みは、これでなくなりました。辛い別れと共に、心と体のバランスが崩れました。「愛別離苦《あいべつりく》・五蘊盛苦《ごうんじょうく》」といったところでしょうか。

次は、自転車競技です。高校時代から自転車部に所属していました。平たく言えば競輪です。欧米諸国では国技のところもあり、オリンピック種目でもありますが、我が国においては、どうしても競輪のイメージが強く、マイナースポーツです。

でも、わりと性に合っていたのか、練習の後でも必ずあの山の急な坂道を登らなければ寺に帰り着けなかった環境のおかげなのか、それが競技成績にも出て、国体などの大きな大会に数多く出場することができました。「競輪学校合格レベルまであと一漕ぎ」。自転車競技者としては憧れの職業でありました。しかし、なかなか言い出せません。目前の大きな大会で一定の成績が出たら両親に申し出ようと心を決めていたその大会で、見事に転倒して足を痛めます。結局言い出せぬままに自転車と涙の別れ。またしても、心願成就せずでした。

お釈迦様は、この世は「苦」であるとお説きになられました。「一切皆苦」というのが、仏教の基本的現実認識であります。その通りで、幼くしてもそれぞれに苦しみ悩みは生じるものでありました。「生・老・病・死」の四苦に、「求不得苦《ぐふとっく》・愛別離苦《あいべつりく》・怨憎会苦《おんぞうえく》・五《ご》蘊盛苦《うんじょうく》」を加えて八苦と、身に沁みることは多々あります。

お釈迦様の教えから

今日は、黎明仏教文化講座でありますから、黎明期の仏教のことを少しお話させていただきたいと思います。すでにご存知のことでしょうが、お釈迦様の教えは、ほぼ初転法輪に含まれています。そしてその中心は、「四諦《したい》・八正道《はっしょうどう》」ということになるだろうと思います。

四諦とは「苦・集・滅・道」の四つの諦（真理）であります。つまり、釈尊が一貫して説かれた人生の真理であります。

「苦諦《くたい》」、この世は苦であるということ。

「集諦《じったい》」、その苦には原因があるということ。

「滅諦《めったい》」、その苦しみは解決するということ。

「道諦《どうたい》」、その解決法として八正道の実践があるということ。

この苦しみの原因は、私たち本人にあるがゆえに、心を巡らせばその苦しみは必ず解決されるものであると。そして、その苦しみのない成仏への道が「中道」なのです。その中道を進む上で、常に忘れず実践すべきことが「八正道」です。涅槃に至るための八つの正しい行いとは、「正見《しょうけん》・正思《しょうし》・正語《しょうご》・正業《しょうぎょう》・正命《しょうみょう》・正精進《しょうしょうじん》・正念《しょうねん》・正定《しょうじょう》」です。

「正見」とは、仏陀の教えに対する正しい見解。正しく物事を見ることです。「正思」は、仏陀の根本思想に対する正しい熟慮、正しい考えです。「正語」と「正業」とは、正思と同様の熟慮を口と体で表すこと。すなわち、身・口・意を正しくするということです。「正命」は、身《しん》・口《く》・意《い》の働きが正しく高いところで一致していれば、自ずと正しい生活ができるわけです。そのためには、正しい努力が必要で、それを「正精進」といいます。

そして「正念」は、外界に向かっていた正思を再び内心に向け直して、思いを一点に集中するのです。そうすることによって、正しい精神統一、すなわち「正定」によって、さらに清浄なる凝念《ぎょうねん》となるという教えです。「正見と正定」とは、悟りに対する「目的と手段」を明示するものとして重視されています。そのことを心に留めた上で、皆様ご自身で今一度、この八正道とは何かを学び直して、行じていただければ有難いです。

仏教はどのような宗旨でも、必ず成仏を説いています。必ず成仏しますが、二乗、上座部仏教のように、阿羅漢果や涅槃をもって成仏というのか。または密教のように、涅槃の境地、阿羅漢の境地に立っていることを当たり前と捉え、さらに無上正等菩提を目指し、それをもって成仏というのか。

また、生まれ変わりを繰り返し、途方もない時間を費やした後に、ようやく仏の地位に入れると説く「三劫成仏《さんごうじょうぶつ》」か。この身このまま、今すぐに成仏できると説く密教の「即《そく》身《しん》成仏」か。そのように仏の位の深い浅い、または成仏に到る時間の早い遅いはありますが、仏教に縁あってそれを信奉する者は、必ず成仏に到る道の上に入るということ、その道こそが中道《ちゅうどう》といえます。

中道とは、一般的には「苦行でも安楽でもない真ん中の道を行くこと」と捉えられています。例え話においても、「箏の絃を力一杯に張りつめた状態でつま弾くと、すぐに糸は切れてしまう。また緩んだ状態では、いくらつま弾いてもいい音は出ない。ちょうどいい加減に糸を張ることだ」との教えです。

そうではありますが、中道の「中《ちゅう》」というのは、当たる・的中するの「中」であって、単に極端な立場を足して二で割った中間を意味するのではなく、両極端を離れて、これらから自由であることを指しています。すなわち、「成仏に通じる間違いのない道」ということです。成仏という目的にしっかりと結びつけられている一本の紐。その紐を離すことなく、手繰りながら歩くことの出来る道が中道であり、その道を歩むのに、いつも心しておかねばならぬことが、「八正道」なのです。

それが時代が少し進むと、「六波羅蜜《ろくはらみつ》」になり、「十善戒《じゅうぜんかい》」になるのだと思います。「六波羅蜜」とは、人々の救済をめざす菩薩が行う六つの実践行のことで、「布施《ふせ》・持戒《じかい》・忍辱《にんにく》・精進《しょうじん》・禅定《ぜんじょう》・智慧《ちえ》」です。また、「十善戒」は、「不殺生《ふせっしょう》・不偸盗《ふちゅうとう》・不邪淫《ふじゃいん》・不妄語《ふもうご》・不綺語《ふきご》・不悪口《ふあっく》・不両舌《ふりょうぜつ》・不慳貪《ふけんどん》・不瞋恚《ふしんに》・不邪見《ふじゃけん》」です。

この世は苦であるところから仏教が始まったように、この世にはいろいろな苦しみがありますが、苦しみは、常に中道を歩んでいることに気づくための「驚覚」、驚き目覚める種であることを忘れてはなりません。これについては、後ほどお話し申し上げます。

高校卒業を控えた頃、ある方から、「お寺に大きな墓地や、老人福祉施設を作ってみませんか」というお話がありました。本当に各方面からのいろいろな話が聞こえてきた頃です。そこで、ケースワークと老人福祉を勉強する機会を得ました。

大学で学んでいく中で、「養老年金」という言葉に引っ掛かりました。「敬老」と言われて敬われるはずのお年寄りが、なぜ「養老年金」をもらうのか。「敬老年金」というのが本来ではないかと思ったのです。バブルの泡が少しずつ湧き出した頃です。昭和五十五年三月の公定歩合は、なんと九パーセント、百万円を十年預けると、利子が元金の倍にもなった時代でした。

当時の福祉政策は、いま考えれば大胆なことばかりで、「ピカピカ、裕福な老後」としか考えられない頃でした。研究課題も「西暦二〇〇〇年以降、どのような福祉政策が行われていて、年金はどの程度もらえるか」。そんなことがしきりに言われていました。当時、公定歩合は七パーセントから九パーセント。一年間の子供の出生数は百五十万人ほどでした。

講義の課題で、二十年後の老人福祉についてという問題を与えられた時、思い切って西暦二〇〇〇年の公定歩合を二パーセント、出生人数を約百二十万人と推定して提出したところ、担当の若い講師から、「そんな後ろ向きなことを考えるな」と、たいそう叱られました。今は年に百五万人の子供しか生まれておりませんし、公定歩合は〇・三パーセント。

もっと大胆に計算をしておけば、今頃は大変な予言者になっていたのかもしれません。

そこで、なるほど私は後ろ向きかと思いまして、先の予測は止めて、「老人の歴史」を研究することにしました。まず、大昔は年を取ると、どのような待遇を受けていたのか。日本でも古来より人食が行われていたと、「神道集」には記されています。これは世界各国でも見られます。これを「カリバリズム」と言いますが、カリブ海西インド諸島のカリブ族に人食いの習慣があるとされていたので、「人食族」の語源になったようです。コロンブスも航海記に「人食い族がいる」と書き留めています。

中国の『三国志』には、劉備が戦いに敗れて、曹操の下に助けを求めて敗走し、一軒の農家にかくまわれた時、そこの貧しい農夫は、自分の妻を料理してふるまっています。翌日、劉備はそれを知ることとなりました。日本人の感覚では測れないのですが、劉備はそのことに感激して、後にその農夫の息子を養子に迎えています。また、後日その話を聞いた曹操も、「それはよいことをした」として、百金を贈ったとも記されています。

人食は儀礼、飢餓による食用、亡くなった方の魂を自らの体に宿すため、薬用、とさまざまにあったようです。今でも中国地方の一部地域では、葬儀の後に「骨かじり」なる儀式が残されていますし、固めの杯に生き血を入れて飲んだりもしていました。

その後、姥捨《うばす》ての時代となります。世界でも二十ヶ国以上に同じような伝説が残されています。わが国で有名なのは「楢山節考《ならやまぶしこう》」。田中絹代・高橋貞二のコンビや、緒方拳・阪本スミ子などでも映画化されました。人減らしのために、村の掟として「動けなくなるか、ある一定の年齢に達すると捨てられる」という物語です。

食べられていた時代から、捨てられる時代へ、そして養老という時代が来ます。老いを養い、智慧を借りる、という時代でしょうか。明治になりますと、年寄りは敬うべきものであるという風潮になったようです。そして昭和になって戦後、敬老の日が制定されて、年金が当たるようになりました。長い年月がかかっていますが、確実にお年寄りの地位は向上していきます。さて、この先はどのように進んでいくのでしょうか。

せっかく「敬老」の時代まで来たのに、もらうのは「養老」年金。時代に逆行していきます。敬われる人より進化するためには、「拝まれる人」、すなわち「仏様」にならなければいけない、ということに気がついたのです。

一般的に仏様とは何を指すのでしょう。間違いないところは、歳をとって、息が止まって、冷たく固くなって、狭い箱の中に入れられて、「おだぶつ、チーン」とされて、「ほとけさま」と呼ばれ、手を合わせて拝んではもらえるようです。荼毘に付されるまでの数日、体がある間には拝んでもらえます。

しかし、これではいけない。死んでから手を合わせられて、仏様と言われても遅すぎます。このことが、私が出家した動機の一つでもありました。

いのちの密教

ちょうどその頃に、弘法大師が「即身成仏《そくしんじょうぶつ》」という言葉と考え方を伝えられて、今も真言宗では実践されているということを知りました。高野山大学教授、田中千秋先生の著書『真言密教の常識』に出会ってからです。密教の寺に生まれながら、密教のことをよく知らなかった私が、「これだ」、と思えたほど、平易に密教の思想が記されていました。「人間は仏性をもってこの世に生まれてきているのだから、その本性を輝かせて生きよう」、「膿や血の出るこの体で、息をしているうちに拝まれる存在になろう」というのが、弘法大師の「即身成仏」の意味であると。人間として生まれ出でた以上、拝まれるほどの存在、皆が皆を拝み合える社会、これが本当の福祉社会ではないかと。「福祉」などという言葉自体がないのが本当の福祉ではないか、と思うに至りました。

さて、そうなりますと、次男だから人生の選択は自由でよいということでしたのに、いつの間にか髪の毛がありません。身近かには、祈りに徹するわが師父。そして目の前には、密教をやさしく示してくださった田中千秋先生。いま振り返っても、よく出来た話です。

高野山には昭和五十九年、弘法大師千百五十年御遠忌《ごおんき》の年に上がりました。一山《いちざん》挙げてのお祭りですので、高野山大学でも行事最優先の全面協力。授業はなく、新入生は教務課から仕事先を言い渡されます。五十日間、学校ではなく仕事先に向かいました。私は霊宝館といって、高野山の美術館のようなところですが、そこの放光閣という一部屋を任されたのです。教室二つ分ほどの広さで、天井が高く、阿弥陀様がお祀りされている部屋の番人をしておりました。

仕事とは、次々に訪れる来訪者に、「仏様に手を触れないように、写真撮影はなさらないように」と番をする係でした。毎朝、奥の院にお参りをしてから霊宝館に出仕します。そんなある日、ふと、どうして阿弥陀三尊なのだろうか。なぜ、お不動様には八大童子なのだろうか。その前にあるお供養のための仏具はなぜ六器なのだろうか。などなど、数に関する疑問が湧き上がってきました。仏教、密教には意味がわからない数字がたくさん出てきます。この意味が少しでも解れば、密教理解の糸口になるのではないか、とも考えておりました。

五十日間の御遠忌が終わって、大学で授業が開始された時、仏教学概論で聖徳太子のくだりがありました。改めて十七条の憲法を何度も読む機会を得ました。まず第一条から第三条までは、人としての心のあり方が説かれています。そして、第四条から第十七条までは、その精神をひもといた具体的なルールが記されています。

それを読んで、「全ての人を自分の身内のように愛《いとお》しみ、他人も全て自分の一部であると認識せよ」とおっしゃっているのではないかと感じられたのです。「人間は大自然の一部である」ということは感じておりましたので、「全てとの調和」を強調しておられるのではないかと思いました。つまり、聖徳太子のお作りになった憲法がなぜ十七条なのか、この意味が分かれば、少しは密教もわかるのではないだろうかとの思いから、調べることにしました。

例えば、鎌倉時代中期、一二三二年、北条泰時が中心になって制定された御成敗式目《ごせいばいしきもく》（貞永式目）、これが全五十一条ですが、天人地の三つに分かれ、それぞれが十七条です。また、一三三六年、鎌倉時代後期に足利尊氏が制定した「建武式目」も十七条です。徳川家康が一六一五年（慶長二十年）に制定した「禁中並びに公家諸法度」も十七条です。

すべて聖徳太子の憲法十七条の影響があると言われております。当然、泰時も、尊氏も、家康も、十七条の意味を理解した上で使っていたであろうことは容易に推測できますが、「なぜ十七条なのか」ということには触れられておりません。

一番多い説は、陰陽のそれぞれの満数、陰の満数八と陽の満数九を足したものが十七である。この世の中は陰と陽の調和。男性に対しての女性、昼に対して夜、というように成り立っている。だから、その全てを合わせた数、それがつまり社会の全てを表すのだという説です。他には、「当時の最も神聖なる数字が十七である」と、十七になるような理屈が書いてあるものもありますが、どれもこれも、どうしても納得がいかなかったのです。

しばらく忘れておりました頃、『扶桑の国の物語』に出会いました。それは、扶桑の国の大王が自分の余命を覚って、三人の息子に遺言をします。

「私が死んだ後はここにあるものを、長男には二分の一、二男には三分の一、三男には九分の一を相続し、三人で仲良く民のために国を治めよ。ただし割ったり削ったりしてはいけない。仲良くそれができない時は、王位を譲って野に下れ」という内容でした。

大王の死後、蓋を開けると、一つで国が買えるほどの見事な玉が十七個出てきたのです。遺言により仲良く分けようとするが、うまく分けることができない。困り果てて、大王の友人であった仙人の許へ相談に行きます。

するとその仙人は兄弟の美しい心根を知り、首からかけている玉を一つ加えてくれました。十八個にして遺言通り玉を分けると、長男は九個、次男は六個、三男は二個と、これらを足すと十七個。そこで仙人が、「一つ余ったのならばこの玉は返してもらおう」と、自らの首に戻したという話でした。大きな衝撃でした。

条文だけではいけないのです。必ずその条文を生かす立場の「人」がなくてはならない。

十八番目としての使い手、その人がいることによって全てが生きる。後で知ったことですが、この話は、数学をされる方、誰もがご存知の当たり前の話なのだそうです。中近東にも、玉を羊に置き換えた同じ話が伝わっていました。

その時はまことに単純なことながら、十七条の意味が腑に落ちたように感じられたのです。人々が十七条のそれぞれを心に刻み、遵守し、役立ててこその十七条であるということです。

田中千秋先生の『真言密教の常識』の副題が、「弘法大師のおしえをどう生かすか」とされていることも、これで理解できました。後日、気がつくのですが、お大師様も、「妙薬篋《はこ》にみつれども　嘗《な》めざれば益なし。珍衣櫃にみつれども　着ざれば即ち寒し」と、お説きですし、また「仏教既に存ぜり　弘行《くぎょう》人にあり」(『秘蔵宝鑰《ひぞうほうやく》』)として、病気の特効薬が箱に満ちていても、飲まなければ何のききめもない。暖かな衣装が箪笥《たんす》に詰まっていても、身に着けなければ寒さに震える。それは全て人によって使われ、広められ、それを役立たせねば、ただあるだけになってしまう、と記しておられるのです。

お大師様の教えも、読んで自分だけが納得して満足しているようであれば、いくら覚ったとしても、それは二乗の悟り、阿羅漢の位を越えられるものではありません。使わなければ意味がない。一人でも多くの人と共有し、理解し、実践し、拝み合うことのできる空間を作ることこそが、お大師様の教えを生かすことになるのではないかと思うのです。

弘法大師の心

では、お大師様の教えはどうすれば学べるのか。学生には教科書があります。キリスト教には『バイブル』、イスラム教には『コーラン』があります。真言宗では、『十巻章《じゅっかんしょう》』と『性霊集《しょうりょうしゅう》』をはじめとするお大師様のご文章、ご著書を読み込む、ということになるのでしょう。

『十巻章』、『性霊集』などには、たくさんのお大師様の教えが詰まっています。この「教科書」を二十数年も読む機会をいただいておりますし、書かれたことを実践する機会もいただいております。ただ、お大師様の教えは漢文で書かれていて、付き合いにくさがあります。しかしこれほどの聖語を読めば、少しでも身に添わせて、役立てなくては意味をなさないことであります。

密教、真言宗、お大師様の教えとはなにかと言えば、密教の絶対的確信は「即身成仏《そくしんじょうぶつ》」、つまり、「三摩耶《さんまや》」と「菩提心」ということになります。

ご真言で表しますならば、「おん　さんまや　さとばん」、「おんぼうじ　しった　ぼだはだやみ」、この二つであろうと思います。
まず、「おん　さんまや　さとばん」とは、「おん」は仏様に帰依します。「さんまや」は、本来不二平等。「さと」は発心した衆生。「ばん」は大日如来そのもので、私たちが現実の世界で覚りを得ることができる、「凡聖不二」といいますか、仏様と一体になって修行できる、ということだと思います。
「我は三摩耶なり」と、自分が仏様と同体であることをしっかりと認識します。すなわち、「自身の仏性を信じ、目覚めさせること」で、「我即大日」。お大師様の言葉を借りれば、「如実知自心《にょじつちじしん》」です。お大師様は、本来、私たちが仏であることを、さまざまな文章でお示しくださっています。例を挙げれば、
「実の如く自心を知るは　即ち是れ一切智智なり」（『吽字義《うんじぎ》』）
「如何が菩提とならば、実の如く自心を知るなり」（『秘蔵宝鑰《ひぞうほうやく》巻下』）
「一切衆生の身中に皆仏性あり、如来蔵《にょらいぞう》を具せり」（『十住心論《じゅうじゅうしんろん》巻八』）
「一切衆生の性浄法身と諸仏の身と本より差別なし」（『三摩耶仏戒儀《さんまやぶっかいぎ》』）
「凡夫の心は合蓮華の如く、聖人の心は開蓮華に似たり」（『秘蔵記《ひぞうき》』）
この五句は、自分の心を真に知った者は、一切を知る智慧を得た者であるということです。「凡夫の心は合蓮華の如く」では、蓮の花は汚い泥の中から出てくるのに、泥の汚さ

に少しも染められることなく悠々としてある。本来が清浄であるからこそ、どんなに汚れたところに住いしていても、心身ともに清浄さが保たれるのである、ということを象徴しているのです。

しかしながら、いかに本来清浄であっても、蕾のままでは能力を充分に発揮することが出来ないわけです。華開けば、多くの虫たちに香りや蜜を与えることもできますし、また開くことによって、台の中の実が大きく育ち、その実が池に落ちることによって、何倍にも何万倍にも功徳が積まれるわけです。仏の種が蓮池に落ちることによって、因徳が果を生じるということです。

「蓮《はちす》を観じて自浄を知り、菓《このみ》を見て心徳を覚る」（『般若心経秘鍵《ひけん》』）

開くか、開かぬか、種を落とすことができるか、できないか、ここに大きな違いが生まれてしまうのでしょう。

また、「人は生まれながらにして仏なのだ」ということと共に、「仏あるがゆえに、私たちは大自然と命を共有し、その一部でもある」とも説かれています。

次の聖語も味わってみてください。

「毛鱗角冠《もうりんかくかん》、蹄履尾裙《ていりびくん》、動物植物、有情非情《うじょうひじょう》、同じく平等の仏性を鑒《かんが》みて忽に不二の大《だい》衍《えん》を證せん」（『性霊集第六』）

生きとし生けるもの、有情・非情、木々草花はもちろん、風や石や空気までにも、同じ仏性を共有していることを自覚すれば、速やかにみな仏となり得る、との教えです。

「夫れ境《きょう》は心に随《したが》って変ず　心垢《けが》るるときは即ち境濁る　心は境を逐《お》って移る　境閑《しず》かなるときは即ち心朗らかなり　心境冥会《しんきょうみょうえ》して道徳玄《はるか》に存す」（『性霊集《しょうりょうしゅう》第二』）

本《もと》は同じものを共有しているのだから、人間の心が荒れると環境も荒れるし、心穏やかならば環境も穏やかである。調和の世界が感じられるようになると、道徳という言葉さえ要らなくなるのだ、と。

「国中の災祥は　本是れ衆生の善悪の感ずるところなり　善を修する時は即ち風雨節《とき》に従い　悪多き時は即ち五穀みのらず」（『高野雑筆集下』）

私たちは人間という生き物であって、あくまでも大自然の一部である、即ち一体であるがゆえに、災害は人間と自然の調和が乱れた時に起こる、と明確に記しておられます。

「どのような状況であっても、謙虚に祈ること、自然の有難さをかみしめるように感じる。このような日々の生活を重ねられれば、穏やかに五穀が実る世界がひらける」ということなのでありましょう。

ここに、お大師様の聖語のほんの一部をお伝えしましたが、一文一節を噛みしめ、反芻し、そして共に行じてまいりたいと念じるものであります。

さて、東京医科歯科大学の角田忠信教授が、一九七八年に『日本人の脳』という著作を著され、その中で「西洋人は虫の音を機械音や雑音と同様に音楽脳と呼ばれる右脳で処理するのに対し、日本人は言語をつかさどる左脳で受け止めて情報を処理している」ということを明らかにされました。つまり、日本人は「虫の音」を虫の声、虫の言葉として聞いているというのです。

さらに興味深いのは、この脳の特徴が、日本人や日系人という血筋によるものではなく、「日本語を母国語として最初に覚えたかどうかによる」ということだそうです。教授の今までの調査では、日本語と同じパターンは、ポリネシア語の一部にしか共通していないということです。自然と人間が一体であるということを、改めて科学が実証したということではないでしょうか。

では、なぜ同じ人間なのにそれほどの違いが生まれるのか、という疑問が湧いてきます。そこでまず思い浮かんだことが宗教の違いです。また「教科書」の違いではないかと思ったのです。

キリスト教では、聖書の冒頭にある『創世記』に記されているように、神の被造物としての自然と人間です。これは西洋哲学の根本理念です。それによると、神様は七日間で宇宙をお作りになるのですが、一日目に光を作り、それによって昼と夜ができる。二日目には、空。三日目には、大地を作って海が生まれ、植物ができる。四日目には、太陽と星が作られ、五日目には、鳥と魚。六日目には、獣と家畜が作られて、最後にそれまでに作ってきたものを支配するために、自分の姿に似せて人間をお作りになった。

そして六日間、宇宙づくりに励まれたので、七日目は休まれたのだそうです。それゆえ今も一週間の最後の七日目は、日曜日と称して仕事も学校もお休みになるのです。つまりキリスト教では、キリスト教に何らか縁のある人々は全て、神が自然界の支配者なのであって、常に自然と対立して生きていくことを運命づけられているというわけです。そう考えると、「初めから虫の声は雑音と捉えるように出来ている」ということが納得できました。

二千年以上にわたって、バイブルを基本として教育を受ければ、何代にもわたって、脳に、体に、刻みこまれてしまう、ということなのでしょう。自然との調和、自然との対話ということは、私たち日本人にとっては、当たり前に身に付いているものです。そうであるがゆえに、密教が日本で根づいたのではないかと考えられています。

密教の成仏は、凡夫が覚るのではなく、自分が菩薩だと目覚めた者が悟るからこそ、「速疾《そくしつ》に顕《あらわ》る」わけです。自身が仏であることを十分に理解した上で、無上正等菩提に向かうのに必要なものが、「加持感応《かじかんのう》」と、「煩悩即菩提《ぼんのうそくぼだい》」の実感ということになるのでしょう。

加持感応と煩悩即菩提と

「加持感応」について、お大師様は『即身成仏義《そくしんじょうぶつぎ》』の中で、こう記されます。

「加持と者《いっぱ》、如来の大悲と衆生の信心とを表す。仏日の影　衆生の心水に現ずるを加《か》といい、行者の心水　よく仏日を感ずるを持《じ》と名づく」

難しいことのように思いますが、お日様が照っていることが「加」です。そして、「あっ、お日様に照らされているな」と感じる瞬間が、「持」です。空気がなにごともないようにここにあることが、「加」。意識して空気を吸った瞬間、「あっ、空気を吸って生きている」と感じることが、「持」です。

「太陽は分け隔てなく一切に光を照らしているし、空気は皆に平等に存在している。私たちがその太陽の光を当たり前と感じすぎて、照らされていることすら意識がない。空気も当たり前に吸っていて、ありがたさを感じることもない。それが光を浴びた時、太陽に照らされていることを確認し、空気を吸っていることを自覚できた時、加持感応が成り立つ」ということなのでしょう。

また『大日経開題』では、

「加《か》は往来渉入を以て名とし、持《じ》は摂而《しょうじ》不散を以て義を立つ。即ち入《にゅう》我《が》我《が》入《にゅう》是《これ》なり」と説かれておりますので、「加持は入我我入そのものである」ということでしょう。

高野山大学で学んでおりました時に、あの大碩学、高木訷元《しんげん》先生の講義を聞かせていただいたことがありました。「次の講義では、真言宗の基本の加持《かじ》について話をします」と言われましたので、一週間、とても楽しみにして、そのことに絞って予習をし、わくわくしながらその時を迎えました。

「密教ではお加持、お加持というけれど、その元とは何か」。息を飲んで、先生を凝視しました。そこで先生は、おもむろに口を開かれ、「マッチ一本！」とおっしゃったのです。続けて、「マッチ一本、火事（加持）のもと！」と。

腰が砕けました。全身の力が抜けて、もうそのお言葉以外、頭に残っていない。「マッチ一本、マッチ一本、火事のもと、やて……」、次の講義は休んでしまいました。

後にそれが大きな意味のある言葉であることを知るのですが、それは後述します。そんな思い出がございます。

次に「煩悩即菩提《ぼんのうそくぼだい》」ということについて、まず各宗派の「四弘誓願《しぐせいがん》」をご参考までに申し上げます。四弘誓願（五大願）とは、仏教を信ずる者として、まず誓うべき基本的な誓いです。

禅宗では、

衆生《しゅじょう》無辺誓願度《むへんせいがんど》　たくさんの人が幸せになれるように努める

煩悩《ぼんのう》無尽誓願断《むじんせいがんだん》　尽きることのない煩悩をなくす

法門《ほうもん》無量誓願学《むりょうせいがんがく》　壮大なお釈迦様の教えを全て学ぶ

仏道《ぶつどう》無上誓願成《むじょうせいがんじょう》　無量の悟りを得て、仏様と同じレベルに達する。

天台宗では、

衆生無辺誓願度　煩悩無量誓願断　法門無尽誓願知　仏道無上誓願証

浄土宗は六句で示します。

衆生無辺誓願度　煩悩無辺誓願断　法門無尽誓願智　無上菩提誓願成　自他法界　同利益　共生極楽成仏道

浄土真宗は、

衆生無辺誓願度　煩悩無数（量）誓願断　法門無尽誓願学　仏道無上誓願成（証）

日蓮宗では、

衆生無辺誓願度　煩悩無数誓願断　法門無尽誓願知　仏道無上誓願成

真言宗の五大願は、

衆生無辺誓願度　福智無辺誓願集　法門無辺誓願学　如来無辺誓願時　菩提無上誓願証

「四弘誓願」は、四句、または五句、六句で表す場合もありますが、その宗派の壇信徒としてなすべき誓いと願いです。大抵は共通しています。まず、みんなと共に幸せになれるよう努めましょう。次に、心して教えを学びましょう。仏様と同等レベル、すなわち、成仏を実現しましょう。これらはみな各宗の共通なのです。

ちなみに、真言宗（密教）と他の大乗仏教（顕教）との大きな違いである、「即身成仏《そくしんじょうぶつ》」と「三劫成仏《さんごうじょうぶつ》」の違いは、二句目の煩悩の取り扱い方にあると言えます。

密教以外の宗旨の場合は、「煩悩無尽誓願断」として、一切の煩悩を否定するかのように書かれていますが、悟りにとって煩悩は邪魔になるからといっても、もともとそれはある意味で生命の原動力であるわけですから、私たちが生きている限り、完全に否定し去ることは不可能です。現実の生活では「煩悩の動きを極力、減少しようと努める誓い」と見ればよいのですが、密教では、煩悩を「覚りへの原動力」と捉えているのです。

密教と顕教との決定的な違いはそこにあります。その極力抑えなければならない煩悩こそが、福徳と智慧の基である、集めてそれを役に立てよう（「福智無辺誓願集」）というのです。

お大師様は『秘蔵宝鑰《ひぞうほうやく》』で、「煩悩有って、よく解脱のためにもって因縁となる。実体を観ずるがゆえに」と示されました。

また、『梵網経開題《ぼんもうきょうかいだい》』では、「一切の無明煩悩、大空三昧《だいくうさんまい》に入りぬれば即ち都《すべ》て所有なく、一切の塵垢、即ち財となる」と、煩悩こそが菩提心の種であると説かれています。

上座部仏教においては、自分の子を可愛いと思うのは煩悩です。これは煩悩ですから、捨て去らねばなりません。お釈迦様の十大弟子のお一人に、神通第一と言われた目連尊者がおられますが、この方のお母様は亡くなると餓鬼道に墜《お》ちられたのです。納得のいかない目連尊者がお釈迦様に、なぜ私の母親は餓鬼道に落ちたのでしょうかと尋ねられると、「慳貪《けんどん》の罪により餓鬼道に落ちたのだ」とのお答えでした。

あなたが友達と遊んでいる時に配ったお菓子、それを配る時に自分の息子には特別扱いしたからであるという説と、目連尊者のために汲んでおいた水を飲ませてほしいと申し出た旅人に、「これは目連の水」と言ってお母さんが断ったからという説とがあるようですが、いずれにしろ、自分の子供を愛するがゆえに、他人の子供や旅人に対して物惜しみをしたというわけです。

我が子に一所懸命なのが度を過ぎれば、自分の子さえよければ、よその子を押し退けてでも我が子を優先する、というふうになってしまいます。わが子を愛するあまり、歪んだ見方、考え方になっていったのでしょう。その執着した愛の結果として、母親は餓鬼道に墜ちることになったのです。このように上座部仏教では、涅槃へ向かうためには、自分の子供への愛さえ捨て、それを立ち切らねばならないというのです。

密教では、自分の子供が「可愛い」と思えるのはもちろん煩悩ですが、その気持ちがあれば「隣の子も、自分の子供と同じくらい可愛い」と思える。そういう種を持っているというのです。その種を大きく育てれば、隣の子供も自分の子供と同じように可愛いと思える。隣の子供を可愛いと思う気持ちになれたら、村中の子供も、世界中の子供も可愛いと思える。その煩悩という種を善く大きく育てていこう、決して断ち切るものではない、というのが「煩悩即菩提《ぼんのうそくぼだい》」、「大欲大楽《たいよくたいらく》」です。

では煩悩は、煩悩のままで菩提心なのか、ということですが、これはローソクとその上についた火の関係であると考えられています。ローソクと火は全く別物なのですが、明かりはローソクを原料としているわけです。ローソクは、いつまでたっても火がつかなければローソクのままです。しかし、ひとたび火がつけば、その煩悩を原動力として、周りを暖かく照らすことが出来る。菩提心とは、このようにローソクに火が灯った状態に例えることができるのではないかというのです。

ローソクに火を灯すためには、何が必要か。火をつける手段、それは「マッチ一本」なのです。それに気がついた時は、本当に驚覚しました。高木訷元先生は、冗談ではなく、このことを教えておられたのだ。冗談のように、学生たちの心に最大限の印象を残してくださったのだ、と気がついた時はもう遅い。次の授業を休んだことが、悔やまれてなりませんでした。

驚き目覚める、煩悩に火をつけ菩提心に変える。それには四苦八苦の苦しみがきっかけになることも多いでしょうし、もちろん、とてつもなく嬉しいことがきっかけになることもある。いずれにしても発火の瞬間が必要であるということ。まさに「マッチ一本」が必要なのです。

例えば、大晦日に除夜の鐘を撞きます。一般仏教寺院では、百八ある煩悩を一つ一つ消し去るために鐘を撞きますが、真言宗の寺院での除夜の鐘は、百八ある煩悩を一つ一つ揺り動かし、驚覚させ、その煩悩を発火させ、菩提心の火を灯すために撞くのです。振り払うのではなく、目覚めさせるための鐘であることを、どうぞ心に留めておいてください。新年への心構えがより新鮮になります。難しいことばかりを言っているようですが、仏教、密教の教えは、わかってさえみれば、当たり前のことばかりが説かれているのです。

十善戒と三密加持とは

数ある実践行の中で、最も身近に示されているものが、先に申しました「十善戒」です。

「弟子《でし》某甲《むこう》　尽未来際《じんみらいさい》　不殺生《ふせっしょう》　不偸盗《ふちゅうとう》　不邪淫《ふじゃいん》　不妄語《ふもうご》　不綺語《ふきご》　不悪口《ふあっく》　不両舌《ふりょうぜつ》　不慳貪《ふけんどん》　不瞋恚《ふしんに》　不邪見《ふじゃけん》」

この十善の教えを、未来際を尽くすまで守ります。そう読経の時にお誓いしているのです。江戸時代後期、当時の真言宗を代表する真言正法律、雲伝神道の創始者で、梵語研究の先駆者でもある、慈雲尊者がおられました。

このお方は、顕密諸宗の学に広く通じ、とくに戒律の復興に努められたのですが、『十善法語』という著書の中で、「人の人たる道はこの十善の実践にある」と、次のように示しになられました。

「人の人たる道は、この十善にありぢゃ。人たる道を全うして、賢聖の地位にいたるべく、高く仏果をも期すべきという事ぢゃ。（中略）人たる道というは、諸の三蔵の学者、文学の輩は浅き事におもうべけれども、そうではない。華厳十地品中、離垢地の法門には、この十善が直ぐに菩薩の戒波羅蜜の行ぢゃ。大日経方便学処品には、この十善が直ぐに真言行、菩薩の学処ぢゃ」と。

人の人たる道がこの十善であり、十善は真言行であり、菩薩行であることを説いておられます。この十善戒の中でも、十のうち四つは言葉に関する戒めです。「人間は言葉によってのみ人間である」「言葉は命の発動であり、魂の息吹である」（川島廣守『魂の感動』）とも言われています。

お大師様は、『大日経開題《かいだい》』の中で、こう記されました。

「この教の諸の菩薩は真語を門と為し、自身に菩提を発し、即心に万行を具し、心の正等覚を見、心の大涅槃を証し、心の方便を発起し、心の仏国を厳浄す」。

また、『秘蔵宝鑰《ひぞうほうやく》』では、次のように記されます。

「寧《むし》ろ日夜に十悪五逆を作るべくとも、一言一語にも人法を謗《ぼう》すべからず　殺盗を行ずる者は現に衣食を得　人法を謗する者は我において何の益かあらん」。

正しい思いから発せられる言葉こそ、自身の菩提心を発露させ、正しい道を進み、正しい悟り、そして密厳仏国《みつごんぶっこく》の具現への始まりであるということです。また、昼も夜も十悪行をなし、五逆罪があっても、人や教法を誹謗するべきではない。なぜなら「強盗を働いたものは一時的にでも衣食の利を得るが、人法を謗ったり傷つけたりする者には、自分にとっても何の益もない。これは無間地獄に落ちるに匹敵する罪である」とも言われ、強くことばの迂闊さはないように諌めておられます。密厳浄土は、大日如来のお浄土で、三密、すなわち、仏の身・口・意によって荘厳《しょうごん》される仏国であります。

言葉は「言魂《ことだま》」ともいって、言葉そのものに魂があり、聞く者の魂の奥底にまで入って行き、一言によって生命が活性化することもあれば、命さえも奪ってしまうことがあります。

『拾遺雑集』には、こう記されています。

「奇なる哉。君王一糸の命、人をして一賤また一尊ならしむ」

これは、「全く不思議なことだ、リーダーのたった一言が、人を賤しくもし、尊くもするのだから」と、上に立つ者の言葉の迂闊さをことさらに戒めておられます。一度相手に向けられた言葉は決して取り返しがつきません。「覆水盆に返らず」の例えも、言葉にも当てはまるように、「的確でかつ、素直に感謝を口にすること」、「心を和らげる言葉を好んで使うこと」の癖をつけるということが大切なのです。

梅干しを咥えたと思っただけで、体が全力で反応するのです。割り箸を横に咥え、無理にでも笑顔を作れば、おのずと気持ちも柔らかくなります。そのように、良い言葉を発する時は、心も体も嬉しく良い方向に進んでいくはずです。

心と、体と、言葉は、かならず一致します。また、そのような癖がつくと、自らが発するだけではなく、他の人の言葉を仏様の言葉として、素直に聞くことができるようにもなるのだと思います。

「行動、言動は、習慣を作り、習慣は、人格を作り、人格は、運命を作る」という言葉があります。それは、守られるべくして護られる、そんな暮らし方なのだと思います。

それには、「いつも感謝の心を抱ける、感謝の言葉を素直に言える」ということに尽きるのだと思います。

作家の井上靖さんが、「本物は続く。続けると本物になる。自分の人生を自分で粗末にするものを、バカという」と書いておられました。もちろん言葉を発するチャンスは毎日あるのですから、続けさえすれば本物になるわけです。


密教においては、倫理的な要素のほかに、「三密加持《さんみつかじ》」という大切なことがあります。それは、仏の身《しん》・口《く》・意《い》、すなわち三密に、わが身・口・意の三業《さんごう》を、限りなく近づけることなのです。身・口・意とは、行動すること、話すこと、思うこと、です。

『即身成仏義』には、他宗にない「法身自証《ほっしんじしょう》」が説かれています。「法然具足薩般若《ほうねんぐそくさつはんにゃ》」すなわち、衆生を助けるための智慧が身に付いて、因果を超えた大いなる働きができることです。三密加持の精進が続けば、高木先生のおっしゃった「マッチ一本」が、仏性を開くことになるわけです。

そのマッチ一本は、弘法大師によりますと、「勝義《しょうぎ》・行願《ぎょうがん》・三摩地《さんまち》」に要約されますが、この「勝義」とは、覚りへの道筋を習い納めること。「行願」とは、一切の存在が同根だから、一切を救い助け合っていくことを実行すること。「三摩地」は、それら全てが真実の祈りによってこそ本当に可能になるので、三摩地こそが第一であり、因果も時空も超えた、「大欲得清浄《たいよくとくせいせい》　大安楽富饒《たいあんらくふうじょう》」（『理趣経』）に至り得るのです。

「一日に五逆、十悪を作るべきとも、一言一語《いちごんいちご》にも人法を謗すべからず」いただいた命と境遇に感謝して、さらに「言葉の清浄を保つこと」が、密教の一つの生き方だと思っています。

ご清聴いただき、まことに有難うございました。

（黎明仏教文化講座、於宝塚ホテル）

Ⅱ

春彼岸

まだまだ寒さは感じられますが、鶯が鳴きはじめ、桜のつぼみも膨らんでまいりました。暑さ寒さも彼岸までと言いますが、まさにその通り、日差しにも優しさを感じるようになりました。

毎年、春の彼岸が過ぎるとホッと暖かくなり、秋の彼岸が過ぎると涼しくなる。なぜこの一週間を境に、ここまで過ごしやすくなるのか、ピンときたことがありました。

普段は日々の暮らしに追われて、ご先祖様のことはもちろん、「自分の命、人の命の有難さや尊さ」というものを思い返すこともなく過ごしているわけですが、「お彼岸」という時期になると、なんとなく「お墓参りをせねばならぬ」、「お墓の掃除に行かねばならぬ」という気持ちになってしまうものです。

テレビを見ていても各地のお墓参りの様子が映し出されますし、ラジオからもお彼岸の話題が聞かれるようになると、何となく雰囲気につられてお墓に参る方々が増える。老若男女を問わず、お墓の前で手を合わせる人がかなりの数になる。手を合わせている時に怒っている人はまずいらっしゃらない。手を合わせながら「これがだめ、これは嫌」、などという不足の言葉を発する方は少ないのではないのでしょうか。

深い祈りを捧げていらっしゃるかは別として、少なくとも亡き祖父母や両親、ご先祖様を心に思い、なんらかでも「感謝の言葉」や「ご真言」を言葉として発しておられるのではないでしょうか。祈りの姿勢を取って、手を合わせておられる方は、日本国中で普段の月の何十倍もの数になっているわけです。

一人一人の合掌から発せられる祈りのエネルギーは小さくとも、数が揃うと「大きな祈りの気」が起こっているはずです。人間とて大自然の一部、命が通じているのですから、これが天に通じぬわけがない。この「祈りの気」を感じられた「気候の神様」の心が、穏やかになり、暑さ寒さを緩和させてくださっている。よって、気候が穏やかになる。「祈りの気」は気候の神様のお食事かもしれない。

笑い話のように聞こえるでしょうが、目に見えなくともそれは確かにある。思いは確かに通じる。「見えない世界」の存在、仏様は確かにおわします。そのような有難さを感じてしまいます。

異常気象ということが毎年のように言われております。しかし、春になったら桜が咲いて、夏になれば暑くなり、秋には涼しくなって、冬は寒くなる、といった季節の流れとしては安定しているようにも感じます。それぞれの立場があり、自然に対して文句のつけようはいくらでもあるのでしょうが、都合の悪いところばかりを口にし、「異常気象の報」ばかりに気を向けるのではなく、感謝できるところを探してでも感謝すれば、「順調な流れの報」に意識が向きます。毎日の有難さを感じることに心をおくと、安心して余裕を持った日常が送れるのではないのでしょうか。

ある本に、このようなことが書かれていました。「ここに十個の栗があるとします。まず初めに、一番おいしそうな栗を食べる。その次には残った九個の栗の中から、一番おいしそうな栗を食べる。次は残った八個の栗の中で、一番おいしそうな栗を食べる。というふうに最後まで食べつくすと、全ておいしい栗を食べることが出来る。しかし、一番まずそうな栗を最初に食べ、次は残った九個の栗の中で、一番まずそうな栗を食べ……というふうに食べ進めていくと、最後の一つまでまずい栗を食べ続けることになります」と。

この話、「心の持ち方ひとつ」と簡単に言うことが出来ますが、これは「心の癖」というもので、どちらの考え方を軸に生きているかで、人生が大きく変わるように思います。

どういう視点で物を見るか、心を決めるかということです。

仏道の修行には、大きく分けると二つの方法があります。それは顕教的なものと密教的なものです。顕教では、「六度の行」ということを熱心に説いています。六波羅蜜の行のことです。「布施、持戒、忍辱《にんにく》、精進、禅定、智慧」という六つの徳目です。具体的には、仏性を覆い隠している雲をいかにして振り払っていくか、ということ、「人間には欲がある、欲が強いのは恥ずかしいことだから、欲が頭をもたげてくるたびに、布施によって制していこう」とするわけです。

仏性という自分の中にある「玉」を覆っているものが分厚くなるのを、一生懸命にはぎ取っていこうとする行とも言えます。これに対して密教の三密行というのは、仏性を覆っている雲を見るのではなく「仏性の玉」そのものに着目する修行法であるということです。顕教的に行を進めていくと、雲を取り払うことに力を注ぐ結果になりやすく、いつの間にか雲に執われて、仏性を見忘れる恐れが強くなる。雲を取り払う努力も大切ですが、なぜもっと本質のところ、仏性を磨こうとしないのか。その立場に立とうとするのが、真言の三密行の狙いであるのです。

顕教、密教ともに、「自身の中に仏性がある」、という点では共通していますが、大きな違いは顕教の場合、自分たち人間はここにあり、お月様（玉）が上にある。その間に雲があるとすると、「雲があると月が見えない」として、取り払うことに躍起になる。ついには雲ばかりを見て、月の存在さえも忘れてしまう。あの雲が、あの雲が、と執われては修行も道を外してしまいがちになる。あくまでも月（仏性の玉）は空の上にあるような感覚での修行になってしまうのでしょう。

密教では、お大師様の弟子で実慧という方がお書きになった『大毘盧遮那経王疏伝』という書物の中に、「直住月宮《じきじゅうがっくう》」という言葉がありますが、「お月さま」つまり仏性に人間が座ったらどうか、月は自分の中にあること。そうすれば煩悩という雲が邪魔にならない。それすらも最大限に生かして使うことさえできる。つまり、立場を変える、視点を変える、ということでもあると思います。

先日、面白くて少々怖い話を耳にしました。季節の移り変わりの中では動物にもさまざまな変化が見られます。今、この寺にも三匹の猫が住み着いております。朝晩ご飯をもらっておりますから、野良猫とはいいがたいのですが、家の中へは入れませんので原則として野良猫なのです。毎日自然の中で寝起きをしておりますので、この時期は暖かい冬毛になっています。そろそろ生え変わりの時期を迎えるようですが。

今の時代、高層マンションで飼われる猫がたくさんいます。生まれてから死ぬまで、ほとんどをマンションの中で暮らす猫たちも多いようです。その猫たち、なんと夏になると冬毛に生え変わる、という現象が起きているそうです。冬のマンションの床は暖かい、夏の床は涼しいからなのだそうです。冬に万一、電気が止まるようなことや、放り出されるような事態が起これば命にかかわることになる。自分が置かれた環境、自分を取り巻く社会に順応して生きていくことは必要ですが、一度変化が起これば命に関わる一大事となりましょう。

猫がマンション暮らしに順応しているのですから、当然人間も知らず知らずの間に本来持っている能力が退化して、体の変化と共に精神の変化もきたしているのではないか。自分を取り巻く周りの人たちだけの考え方に順応して、本質を見失って、常識というものがどんどん多様化してくるのではないか。そんなことを感じていたころ、後輩のお寺での法要に参りまして、こんな話を聞きました。

火葬場に六十歳代の息子さん夫婦とその娘さん夫婦、それに三歳の女の子、故人から見れば曾孫です。その人たちがおばあさんのご遺体を荼毘に付するために来られた。お棺に入れて見送り、その場を後にし出した時、三歳の女の子が泣きながら、「やめてあげて、熱い熱いと言っている」、と両親に訴えたそうです。お骨上げも済ませて、家に帰ってから数日の間も、あどけない子供が何回かそんなことをいうので、夫婦が気になって、そのお寺を訪れて相談したそうです。

事情を聴くと、今はやりの「直葬」とやらで、おばあさんが病院で亡くなった後、遺体を預かるホテルのような所に安置して、通夜もお葬式もせずそのまま三日後に荼毘に付した、ということでした。亡くなったおばあさんとその息子夫婦は仲が悪くて、あまり行き来がなかった。「熱いと言っている」と言った子供は、おばあさんとは一度も会ったことがないとのこと。そんなことで、もちろん戒名もない。「急いで二文字戒名を付けて、引導作法をしてお供養しましたが、どうでしょう」という質問でした。

いくら息が切れて、体は固く冷たくなっても、魂が離れなければ、熱くも冷たくも感じられると思います。昔から人が亡くなれば、玄関に忌中の白紙を貼り結界を定めて、お通夜を迎えてきました。一般的にはあの張り紙や結界は、亡くなった方に外からの魔が入らぬように、というふうに思われる方が多いようですが、私たちの立場からすれば、亡くなった方の魂がふらふらと他所に出て行かないようにするためのものです。

体と魂がひとところにある間に、引導を受け取っていただいて、浅瀬と仏様の段階に上がっていただくためのものです。引導のない宗旨でもお経を保持していただいて、自分の行き場所を明確に自覚していただくためのものですから、「お金がかかるから」とか、「面倒くさいから」と、省いてよいといったものではないように思います。曾孫さんは素直にその言葉を聞き取る能力があったからこそ、追善とはいえ間に合ったのでしょう。

直葬であったり友人葬であったりと、宗教者を抜きにした葬儀が増えてきています。それが常識となってしまうと、「物事の本質を見る」ということが欠けて大変な社会になるのではないかと、私は危惧しております。

昨夏、急用ができて、帰省ラッシュの中をやむなく車で出かけました。高速道路の途中でガソリンが残り少なくなり、サービスエリアに立ち寄りましたが、なんと給油の待ち時間が三時間。長い列が出来ていました。仕方なく次のインターチェンジで降りて給油を済ませましたが、あの時ガス欠を起していたら、どうなっていたでしょうか。車という車体はありますが、ただの箱物です。

では私たちのガソリンは何か、と考えると、やはり命を繋いでくださった両親、祖父母と全てのご先祖様、あわせて、自分にわずかでもご縁のある「一切衆生」、即ち「皆さまのおかげ」ということでしょう。この根っ子の部分を大切にする。自分だけへの栄養ではなく、根っ子とその生えている大地へ、感謝とお供養をしっかりすることが、自分自身をこの世に残し、活かすことにも繋がるのだろうと思います。

地球の中で大自然の一部として生を受けているものとして、人間中心に生きるのではなく、全てとの調和を第一義と考えて暮らす、ということですが、まず個人として考えてみれば、自分中心の生きざまではなく「全体の中での自分を考えて生きる」ということになろうかと思います。

「我」を張った自分ではなく、全体と調和した自分、「吾」への気づき、ということではないのでしょうか。「我」という漢字は、のぎへんに戈、つまりこん棒と矛を振り回している心の状態をいうのだそうです。我を張った状態の人に近づくと怪我をしてしまいますから、誰も近づこうとはしません。ますます孤独になり本質から離れてしまうのでしょう。それに対して「吾」は「五」と「口」。「地・水・火・風・空」の五大。大自然そのものです。五大をじっくりと味わった姿を「吾」というのだそうです。そこに天に向かってまっすぐ伸びる心「忄」、りっしんべんが付くと、「悟り」となります。

彼岸とは、迷いを脱し、生死を超越した理想の境地、悟りの境地を言います。せめて、彼岸のこの時期だけでも、このことをしっかり心に留めて過ごしていただけますなら、自分も周囲も清々しく暮らせることでしょう。不安ばかりがあおられて、不満ばかりが溜まっていくような世の中の傾向ですが、自然に対しても、人に対しても、良いところを見付けることが、お彼岸の本当の意味ではないかと思うのです。

一月は去《い》ぬ、二月は逃げる、三月は去《さ》る、ともいいますが、本当に早いもので、もう四月を迎えます。進級、進学、就職など、多くの方が新しい出発をなさる時です。新たな出発に万全を期するため、焦点がそちらに向くことはとても素晴らしいことです。この一月、二月、三月にしっかり準備が出来ていると、四月の迎え方が劇的に変わります。たいていの方は怠りなく準備をなさることと思いますが、新しい生活に向かって心を向けている時、あれも、これもと、準備に気を取られて、新生活ばかりに心を奪われている時は、「自分の命の有難さ、命をつないでくださったご先祖様方に思いをはせる」ことは忘れてしまいがちですが、仕上げのこの時期にお彼岸があるのです。「凡そ準備が整ったな」と感じた時、「忘れ物はないかな」と振り返るとき、お彼岸であることを思い出して、じっくりとお墓参りをしてみてください。

春のお彼岸がこの時期であることは、本当によくできたものだな、と思っています。テレビやラジオや周りの雰囲気が何となく「命のつながり」を思わせてくれます。手を合わせる機会を思い出させてくれます。そんな時は、迷わず仏壇の前に座ってみるか、お墓の前に行ってお経を読誦してみてください。ご先祖様方がお経を聞いていてくださっているのかな、とか、自分たちのことを見ていてくださっているのかな、とか、お供えものを召上っているのかな、お線香の香りを楽しんでおられるのかな、などということも頭をよぎることでしょう。

それは何ともわからぬ領域のことでしょうが、そんなことは深く考えずとも菩提を弔ってみてください。菩提とは、サンスクリット語のボーディ、「個々の生きざま」ということです。故人から受けた、さまざまなことに思いをはせて、じっくりその場に身をおいてみる。これが「直住月宮」への一つの入り口であり、要の部分になるように感じています。

お彼岸はまだ三日残っています。何度でも結構です。みな揃ってのお墓参りをすれば、心地よい爽やかな時が送れることでしょう、清々しい明日が迎えられるはずです。心地よい日を一日過ごせば、また次の日も爽やかな日を迎えたくなるものです。その思い、その波紋は、自ずと周囲に広がります。お彼岸のお供養には、それが何よりではないかと思っています。

灌頂ということ

　今年は、実に安定した気候が続いております。桜の花も例年以上に長く楽しむことが出来ました。桜の花が長く楽しめた年はおおむね穏やかで、豊作のように聞いています。桜は神様の宿るご神木ともいわれています。桜の「さ」は山の神様のこと、「くら」は神様の依り代、つまり山の神様が一年に一回里に下りて、たくさんの恵みを置いてくださるための依り代が、桜の木ということだそうです。

　神様が一年に一度、山から下りてこられたので、村人がお供え物を持ち寄り、神様を迎え、共に食事をしたのが、花見の始まりともいわれています。早苗、早乙女の「早」は神様の代理を表すことから、そのように呼ばれているようです。桜の木の下で神様を見上げながら拝む姿を、山の神様「さ」を「おがむ」から「しゃがむ」というのだそうです。遠くから眺める桜も綺麗ですが、言い伝え通り、桜の木の下で少ししゃがんで、手を合わせながら拝んでみると、今までと全く違った桜を拝めるかもしれません。

昨秋の大日如来結縁灌頂《けちえんかんじょう》からもう半年が経ちました。灌頂の後、護摩師の和尚様より、「春をお迎えになられる頃には仏性開花を自覚なさることでしょう」とお祝いの言葉をいただいておりました。受法なさった方、また、受法はされぬまでも、入壇なされた方のことを心から祝福してくださった方々には、何か少しでも変化をお感じになった方がおられることと思います。確かに灌頂を受けたからと言って、いきなり偉くなったり、悟ったりするわけではないのですが。

今日、お参りの方の中には、結縁灌頂とは何ですか、とお思いの向きもおありのようですから簡単に申しますと、「結縁」とは、仏道に入る縁を結ぶこと。そして「結縁灌頂」とは、密教の灌頂の一つであって、広く僧俗を対象に行われます。それは、敷曼荼羅《しきまんだら》の上に目隠しをして花を投じ、有縁の仏様を定めて仏縁を結ぶ儀式です。仏縁を結ぶことによって、仏道に向かう善因を心中に植え付けるのが目的とされています。

『金剛頂《こんごうちょう》瑜伽《ゆが》中略出《ちゅうりゃくしゅつ》念誦経《ねんじゅきょう》』には、「灌頂壇を遥見し入壇したものは、過去のいかなる罪障をも離れ、その結縁仏の広大無辺な力によって、仏の種を開花させる」と説かれています。そう簡単に今までの罪がきれいにはならぬ、ともお思いでしょうが、前にもお話いたしましたが、自らが作った荷車数百台もの罪科という「薪」を燃やすのに、どれだけの火種がいるかというと、マッチ一本あれば済むわけですし、数年間着続けた垢まみれのシャツをきれいにするには桶一杯の水と、少量の洗剤があればきれいになるわけで、なにごとにも「きっかけ」が必要です。そのきっかけをきっかけと自覚できるか否か、ということが大事になるわけです。

きっかけという「大きなお守り」を、灌頂入壇の折に確かに受け取っておられます。なかなか目に見えたり、感じたりすることは少ないので、例えにくいのですが、お大師様は、「顕教は塵を払い、真言は庫を開く」とお記しです。ちなみに顕教とは、密教から見て自宗以外の宗派をいいます。

顕教においては、「自身が仏様と同じ仏性を有していること」を堅固に確認するために、仏道修行に励むわけですが、真言においては、出発点が「自分が本来、仏様と同体である」ということをしっかり認識した状態から始まります。

つまり、「オンサンマヤサトバン」、「発心した衆生と如来は本来一体なり」と自覚したうえで、「オンポオジシッタボダハダヤミ」と、仏として菩提心を起こすことになっています。仏と自分が一体であることは自覚できても、そこで満足していては、いわゆる通仏教（顕教）を出ないのであって、私たち真言密教徒の目的、目指すところは、大覚の意を皆で成ずることです。その菩提心は、例えていうなら、大きな葛《つづら》の中に入っているのですが、鎖と鍵がかかっている。その錠前を開くカギを灌頂によっていただいた、と感じてくだされればよいのだと思います。

少し言いかえますと、蔵の中にあるものを外から一生懸命覗いて、何が入っているのかを確認するために一生を費やしている状態が顕教で、密教は蔵の中に入っているものは全てわかっているが、それを取り出すために工夫をしている状態であると、お大師様は説いておられるのです。繰り返しますが、灌頂を受けることによって、その蔵のカギを確実に伝授されたというわけです。いかに開けるかは、蔵のカギを持ったお一人お一人にかかっているわけです。どうぞ遠慮をなさらずに蔵を開いてみてください。そして、仏性を顕現してくださいますように。

その一つのヒントにもなるかもしれませんが、先日、テレビで「赤ちゃんは一日平均、四百回笑う、顔を見ているだけで幸せになる。ところが大人になると、平均で一五回くらいしか笑わない」と言っていました。気になって調べてみましたら、子供には「笑い」という概念がない。子供は面白ければ、楽しければ、気分が良ければ、純粋に無条件に笑う。

それに対して大人になると、「くだらない」とか、「○○のほうがおもしろい」とか、「気分が悪い」とか、なにがしかの概念に囚われて、あまり笑うことをしなくなるのだそうです。

赤ちゃんがだいたい一日四百回。五歳児になっても三百回から四百回。二十代から三十代がおよそ十五回、時間にして三十秒。四十代が十二・八回で約二十六秒。五十代は十回で二十秒。六十代十五秒。そして七十代になると、なんと十秒しか笑っていないということです。

笑いには鎮痛効果、老化防止、癌抑制予防効果、免疫向上、自律神経を整える、といったさまざまな効果があるとされていますが、いろいろと理屈をつけて素直に笑わなくなるので、年を取ってくる。笑いが減ると創造性も減ってきて、だんだんと動きが鈍くなって老化が進む、といった研究もなされているようです。

「最も働きがいのある会社」にランキングされている企業に勤める人たちの、実に八十一パーセントが「自分たちは楽しい職場で働いている」と答えているようです。また、目覚ましく活躍する会社の経営幹部は会話の中で、一時間に十七・八回笑っているそうですが、普通の会社の経営幹部は七・五回しか笑わない、という研究結果もあります。

作り笑いではなく心からの笑顔に接すれば、心が和みます。「笑い袋」という商品もありましたが、その笑い声を聞いただけでもつい笑ってしまいます。苦しみや悲しみは伝染しやすいですが、笑いや嬉しさ、笑顔の伝染をさせることに慣れていただければ、嬉しいことです。「幸せになるためには自分次第」ということでしょう。自発的に自分から笑いかける。まず行動を起こすことです。自らの仏性を発露させることは、自分の周りをも幸せに導くのです。

『ネバーエンディング・ストーリー』の作者、ミヒャエル・エンデのエッセイに、こんな話がありました。大陸奥地に探査研究に入った欧米の学者が、ポーターとしてインディアンの人たちに依頼したのです。当初四日間はきわめて勤勉に働き、ことがはかどったのですが、五日めになると突然、彼らは車座を作って身動きしなくなったそうです。「賃金が不足なのか」と尋ねたり、果ては冗談まじりに銃口まで向けたのですが、彼らはいっかな動こうとしない。そうした日が二日続いて、三日めになると突如一斉に行動し始めたそうです。なにぶんかの意思疎通が図れるようになってから、ことの次第を尋ねますと、「スケジュールがあまりにもスピーディーに出来ていて、我々の心が後ろに取り残されたままになった。それで二日間、心が到着するのを待ったのだ」と。

政治、経済はもちろん、普段の仕事や生活も、心身の調和によって成果が大いに異なります。急激な先端文化の流入や環境の変化、生活の不安によって心を後方に置いたままの迂闊な行動、言動が多くの場面で目立ちます。しかし、歴史的、文化的に見ても、吾々の本質は優しさ、律義さ、穏やかさを兼ね備えた仏なのですから、気が付くきっかけさえあれば、仏性は噴き出し、顕現するのです。たびたびお話しておりますが、結縁灌頂へのご入壇は、まさにその「きっかけ」です。持っておられる「マッチ一本」を使って擦ってみてください。

今年の桜は長く咲きました。きっと、皆様にとっても良い年になることでしょう。

三輪清浄の布施

新学期も一月あまりが過ぎますと、いろいろな新生活の様子が聞こえてくるようになりました。環境が変わると立場が変わり、それに伴って視点が変わります。

先日ＦＭラジオで聞いた何かの宣伝でしたが、ボルネオ島で蚊を媒体とする伝染病が発生したため、大量の殺虫剤を散布して蚊を殺したと。ところがその蚊の死骸をヤモリが食べて死に、さらにそのヤモリの死骸を猫が食べて大量死した。その結果、ねずみが大繁殖して、新たな伝染病が蔓延した。そこで次なる策をどうするか。猫一万二千匹を落下傘で投下し「ニャーッ」。ここでコマーシャルは終わりですが、案外こういうことはどこにでもあるようです。

今の日本の状況も似たようなところがあるように思えます。「定額給付金」は、最初は生活支援が目的と発表したのに、配る時は「経済活性化対策金」となりました。公共事業も目先の便利や利権によって途中まで作ったものの、資金や環境の変化によって取りやめになったりして、大きなむだを作っているような気がします。

また、こんなテレビ番組も見ました。「絶対に救急患者を断らない病院のレポート」です。理事長のインタビューに、「もし自分の身内が、家族が、重態の時、病院の前まで行って断られたらどうします。困った人は身内と同じなんです」と。その発想からは、まず必ず空きベッドがあること。そのためには入院患者を減らして在宅医療を推進すること。医師に病院から十分以内のところに住んでもらうこと。その結果、インターンもたくさん来る、そこで研修を積んだ医師は、断らないのが当たり前の教育を受け、その精神が沁み込むと。きっと世の中は変わります、と語っておられました。

ボルネオ島の話と、この話は逆のようですが、案外似たものだと思います。全ての命が繋がっていることを先に認識してことに当たったか、命の繋がりを後で知ったか、その違いだけだと思います。

今、毎日のように世界が、日本中が、「不況だ、百年に一度の危機だ」などと騒ぎたて、活気や、やる気というものをなくすよう誘導しているかのように感じられてなりません。病気は、「気が病む」から病気なので、わざわざそれに巻き込まれることなく、またやむをえず巻き込まれたとしても、視点だけは高いところにおいて全体を見つめ、そこで別の角度からも眺めてみれば、バタバタすることが少なくなるのではないでしょうか。

全てのことは必ず繋がっていますから、見る角度が違えば大きな発展に繋がることが多いのです。この道一筋というのはもちろん必要ですし、尊いことですが、どんな仕事も趣味も、どこかで何かが必ず繋がっているんだ、ということを心の片隅においておくと、わずかな息抜きの時などにも、思わぬところから大変なヒントや発展の糸口がつかめたりするものです。

去年の暮れから年初にかけて、「今、種をまくと大きな実りになるという年回りなので、やりたかったことや興味のあることは、尻込みせずに始めてみましょう」と申し上げています。とくに、はっきりとやること、したいことがある人は元気です。楽しいこと、嬉しいことをしている人は、年齢などは全く関係なくお元気ですし、また、その気概が元気を生むのだと思います。そしてそんな人の周りはおおむね溌溂と元気です。

今までやりたかったこと、今まで続けてきたことを、さらに深めて取り組む。気持ちの張り、心が充実している時は勘も冴えてきます。視点を変えるということは、勘を養うことにもなります。勘はもともと持っているもの、経験していることが湧き出してくることをいうのだと思います。今を溌溂と乗り切るには、勘に磨きをかけることも面白い生き方だと思います。

それをいくら引き出して実際に使うかが、人生の大きな差になります。そのためには正しいものの価値観、見方を身につけなければなりません。最初の一歩が間違ったらとんでもない方向に進みます。実際にその立場に立って経験したことでなければ、固定されていた視点は変わりませんし、身に付くものではありません。それならば、愚痴ばかりをいう人たちといるよりも、明るくニコニコしている人たちの集団にいる方が、自分も嬉しくなれて成長できるわけです。

以前、ディズニーランドの規則の話をさせていただいたことがあります。「園内を美しく保つことは当然のことだが、スタッフ・スペースをより美しく」と、取り組んでいるというのです。綺麗で清潔な中で暮らすと、「綺麗で清らか」ということが、実によく分かるのですね。

ニューヨークのダウンタウン。犯罪の多発地点であったのを、当時の市長、ジュリアーノさんが破れた窓ガラスを全て入れ替え、落書きも消し、ゴミを全て掃除して、街灯も規則正しい場所に設置したら、犯罪が激減したという例があるように、環境が心を左右し、綺麗には綺麗が集まるようになっているのだと思います。

またそれが普段に出来るようになると、自分の存在が灯明となる。そんな生き様がしたいものです。そのためにはやはり、普段の訓練、心がけが大事です。

仏教での日常の生き方としては、六波羅蜜（布施・持戒・忍辱《にんにく》・精進・禅定・智慧）と、十波羅蜜（六波羅蜜に、方便・願・力・智の四つを加えたもの）の実践が挙げられますが、まずは布施波羅蜜です。

布施は「三輪清浄《さんりんしょうじょう》」であることを旨とします。即ち、布施する側と受ける側の双方の心に、執着がなく清らかで喜びがあることです。子供が笑いかけてきた時、受ける親がどんな気持ちでその笑顔を受けることができるかというように、何かと布施する側だけがクローズアップされますが、布施される側の心によって、布施自体の功徳が変わるのです。そして布施されるもの自体が清浄であることも。労力、真心でも同じです。それが「三輪清浄」です。

また、布施の本質は回向の心とも言えるわけです。寺にしても、皆様方からお堂を建てることにおいて、浄財という布施をお預かりする。それでお堂を建てる。そのお堂に参った方が、そこに入って手を合わせ発心する。気持ちよく拝んだと思った時、初めて回向が完結するわけです。

この頃は、介護福祉士という方がたくさんおられますが、賃金のために人を介護している人と、人が好きで、また何らかの志を持って介護に当たる方とでは、介護の質が違う。自分の親と子供と、同じ思いになって介護に当たることが、どれだけ大きな布施になることか。仕事をしながら自然に素晴らしい布施行ができるわけです。

先日の夕暮れ時、兄弟以上の友人を自分の不注意でなくしてしまったという方が、お参りに来られました。いろいろとお話をうかがったのですが、三年間供物を捧げて供養し続けているけれど、届いたという確信が得られない。「これでいいのか、これでいいのか」と悩み続けて、あちらこちらのお寺にお参りしているということでした。

「罪の償い」という形をとった一方通行の供養のように感じておられたのですけれど、実は、友人の死によって、この友人から魂の存在と命の尊さ、そして祈る、ということを布施してもらっておられるのでしょう。これをどれだけ爽やかに受けて、「有難い」と思えるか、この度合いによって供養の通じ方が変わって来るのだと思います。

正岡子規は、「悟りということは、平気で死ねることかと思っていたのは勘違いで、いかなる場合も平気で生きることであった」と記しておられます。

日々溌溂と暮らせるように、意識を常に清らかにしておれば、自然に、本当の布施行が実践できるのだと思います。

即身成仏と三劫成仏

昨日、今日と大変清々しい朝でした。心地よい涼風と小鳥のさえずり。朝が気持ちよく迎えられますと、一日快適に過ごせます。お護摩の焔も高く燃え上がりました。

今日は嬉しいご報告からさせていただきます。もう四、五年前になりますか、先輩から裏山に観音堂を建てる計画があるのでどうだろうかと相談されまして、お話をうかがったのですが、あまりピンとこない。そこで「大まかな地図を見せてください」とお願いしたところ、手書きの何とも分かりがたい図面を見せられました。なかなか答えに渋っていると、「一杯飲ませるから見に来てくれ」ということになりまして、その言葉にひかれて現地に参りました。

「百聞は一見に如かず、されど百見は一行に如かず」といいますが、現地に身をおくということは、さすがによくわかるものです。その場には精進料理を研究している後輩も同席しておりまして、三人で現地の山に登りました。先輩は「このあたりにちょうど良い平地があったはずだ」と場所を探しています。後輩は「あっ！　この葉っぱは食べられる。この草は天麩羅が美味しい。ここにも、こんな葉っぱがある」と、うるさいほどこの山がいかに食材の宝庫であるかを話します。

私は全体、山の様子をうかがいながら登っておりましたら、ハゼの木ばかりが目につくのです。これは護摩木です。「観音堂ではなく、護摩堂にしませんか」などと提案したりして、三人は同じ山の同じ道を歩きながら、それぞれ違うことを考えていたのです。

それが先月、「お堂ができた」と報告がありました。なんと、観音堂ではありますが、お不動様もお祀りをしてお護摩も焚けるお堂になっていました。現地視察以来、いろいろなことを考えたのだそうです。そのような折に、本堂修復の時に大壇も修理することになり、上の板をはがしたところ、元は護摩壇で、それを改修して大壇として使用していたことが判明したとのこと。本堂は大壇、観音堂で護摩を焚けるようにすることに決心がついたのだそうです。きっかけがあって、熟成があって、まさに「その場に身をおいたこと」が、よい結果を生んで、本来の姿に戻ることが出来たのだと思います。

以前にもお話しましたが、日本人は、鳥のさえずり、風の音までも、言語をつかさどる左脳で処理することが分かっています。私たちの遺伝子の中には、鳥の声も、風の音も、石の触れあう響きさえも、「自然との会話」として楽しめる要素が備わっているのです。それに気がついていないだけで、それを本当に気づいて使うことができれば、「即身成仏」といっても、いいのではないでしょうか。

海苔の空き缶の底に握りこぶしくらいの石を入れて、その上から小砂利を入れる。石は底に沈んでいます。上から見れば、全くその存在には気がつきません。しかし、その缶を手に持って左右に振ります。二、三十回振ると、振動によって小砂利は沈み、石は一番上に現れます。当時五歳の息子にそれを見せますと、「おとうさん、すごーい！」と感動されました。

このふるわせる行為が、普段にたくさん行われれば、成仏に近づき、日々が楽しく充実して暮らせるようになるのだと思います。その一つに、「素晴らしい、嬉しいところに身をおく」という方法があるのです。

この二十三日から昨日二十七日まで、寺の公龍会主催の研修旅行がございまして、約五十数名の皆様が西安に行かれました。今日はその方たちが多くお参りになっておられますが、お疲れは出ていらっしゃらないでしょうか。また、両親に対しまして、細やかなお気づかいをたまわりましたこと、まことに有難うございました。

西安は、今から千四百年ほど前になりますが、世界中で最も繁栄していた国際都市で、唐の都でもありました。その高い文化、教育、芸術、宗教を少しでも取り入れようと、我が国のトップエリートたちは遣唐使として海を渡りました。

遣唐使は、六三〇年から八九四年までの二百六十五年間に、諸説はありますが、およそ二十回計画され、うち十五回、唐に渡ることができたようです。お大師様は八〇四年の第十六次遣唐使船で、御年三十一歳の時に、橘逸勢らと渡られました。当時三十八歳の伝教大師最澄も、同じ時に唐に渡っておられます。

お大師様は、一般には密教の勉強に行かれたと言われていますが、実はそうではなく、「最後の最後である、師匠からの面受をいただきに行かれた」という説に、私は賛同しています。密教の最後の仕上げとしての入唐であった、と。

勉強は、日本におられる間にほぼ完成されておられます。中国語に堪能であったことはもちろん、能書家であり、並々ならぬ文筆の才もあり、仏道修行もほぼ完璧に成就されていたであろうと拝しています。

金山穆紹《かなやまぼくしょう》先生、田中千秋先生の両大碩学は、「お大師様は、大日如来を拝み続けておられた」と断言されました。「なぜ大日如来なのか」という問いには、「何にも書かれていいないから、根拠なしという方もあるが、それは関係ない。大日如来でなければだめなんだ」と、おっしゃいますので、私もそう信じています。

しかし、行じても行じても悟り難い人あり、また、早くに悟りの境地に近づける人あり、その差は、一切を包み込み、一切を超越した大日如来あってのことです。その伝燈には、「師資相承《ししそうじょう》」以外には不明な部分があり、必ず師から弟子に直々の伝授が必要なのです。このことは、『金剛頂経《こんごうちょうきょう》』によっても明らかです。ですから、若き日の空海、お大師様は、唐に渡る意志を固めておられたのだと拝察します。

顕教と言われる一般仏教と密教とは、別の世界になります。密教と顕教の違いは、「即《そく》身成仏《しんじょうぶつ》」を説くか、「三劫成仏《さんごうじょうぶつ》」を説くか、というところにあります。

お釈迦様は即身に仏となっておられました。いわゆる即身成仏です。それをその後の方が、「お釈迦様のようになるのは無理だ。せめてお釈迦様のお説きになったことを実践して一歩でも近付こうではないか」という考え方をされました。それが三却成仏の考え方になり定着してきたのでしょう。「劫」とは、ほとんど無限ともいえるほど長い長い時間の単位です。

お大師様はその行動が不明と言われている二十代の後半、久米寺で『大日経』に出会われました。その中には、後にご記述のように、「二経一論八箇の証文」のうち、『大日経』

の中に「即身成仏」の証しを見つけられたのです。「二経」とは『金剛頂経』と『大日経』。「一論」は『菩提心論』。「八箇の証文」とは、『金剛頂経』に四ケ所、『大日経』に二ケ所、『菩提心論』に二ケ所、あわせて八ケ所です。

お大師様は、その『大日経』を読み込まれて、読み込まれて、「即身成仏」の実践に魅せられて、大日如来を拝んで、拝んで、拝んだ挙句に、唐へ渡られたのですから、それはもう当然、恵果和尚はそれを見抜かれます。ですから、空海、即ち後の弘法大師が、恵果和尚のところに行かれた時、「汝の来るのは知っておった」と言われ、笑みを含んで歓喜されたと、『御請来目録《ごしょうらいもくろく》』に記されています。

「多生の中に相共に請願して密蔵を弘演す」ということです。「よく来た、よく来た」と、一見しただけで躍り上がる喜びを押さえて迎えられたということでしょう。「偉い人が偉い人を観ればわかるものなのだ」と思うのです。「これは勉強してきたな」と。勉強とは、今日の学問ではなく、発心信仰です。

もうほとんど得ておられる状態で師の御前に現れた。その状態で灌頂《かんじょう》を授けられたのですから、だれかれと同じ灌頂《かんじょう》壇の中にあっても、決まるべき所に、当たり前に華が落ちる。これは、「投華得仏《とうけとくぶつ》」と言って、目隠しをして曼荼羅の上に華を投げ、その華の落ちたところの仏様と縁を結ぶのですが、その時まさに、お大師様は大日如来に合一されたのです。

まさしく、その場所、その道場なのですね。このたび西安へ行かれた皆様は、その同じ場所に、およそ千二百年後に立って、追体験をされた。同じ道場で、同じ空気を吸うことの大切さは、その場に身をおくことでしか、なかなか味わうことが出来ません。真言宗に縁のあるものとしては、大きな「真」になるものだと思います。

お大師様は、「大日如来に合一なされた実証」をお示しくださった。そういった意味でも、今回、山主と共に西安に行かれた五十数名の方々は、本当に善い旅をなさいました。その空気と、匂いと、心に得た感慨を、お護摩のお経に深く込めてお届けくださったように感じられました。

そんな体験が、空き缶の中の石を上に引き出す揺さぶりになるのでしょう。かつて日本の女性たちが、韓国の大スター、ヨン様がロケに使ったその場所を訪れ、ヨン様の等身大のパネルの横でポーズをとってみる。そうすることで気分はすっかり、恋人のチェ・ジウです。もちろん質は違うのでしょうが、同じ場所の空気を吸うこと、心がときめくことは、「揺さぶり」という点においては、大切なことなのだろうと思います。

お大師様は、大日如来に合一なされた実証をお示しくださいました。西安へ行かれた皆様は、しっかり同体として味わって来られたのでしょう。自分の中におさまっている岩のような存在を確認し、取り出して使うことが、溌溂と生きることに繋がるのだろうと思います。

何かをしたいと思った時には、からだはすでに体制を整えつつあります。わざわざ抑え込まないでも、状況が許す限り行動を起してみてください。心の中の堅固なるものを、表に出すように訓練してみてください。それは楽しんで出来るのだと思います。

「吾は大日如来なり」

お護摩を終えて皆様のお顔を拝見すると同時に、きれいなウグイスの声が聞こえました。上手ですね。これだけ上手に鳴き抜くには、練習が必要なことをご存知でしょうか。

今朝、ホトトギスの声を聴いたので、ホトトギスの鳴き方の練習についてお話しようと思っていたのですが、せっかくですから、先にウグイスのことをお話しします。ウグイスは春先になると、「ホー、ホケ、ホケ！」から始まって「ホーホケ、ケキョ」になり、やっと「ホーホケキョ」と聞こえるようになります。シーズンも盛りになると、かなり自信がつくのか、先ほどのように、「ホー、ホーホー、ホーホケキョ！　ケキョ！　ケキョ！」と芸術的に鳴いています。

これからはホトトギスの練習シーズンです。ホトトギスは「テッペンカケタカ（てっぺん欠けたか）、トッキョキョカキョク（特許許可局）」と鳴いている、と小さいころから信じておりました。もう二十年も前になりますが、家内が寺に参りまして、初めて二人でホトトギスの声を聞いた時です。「あっ、テッペンハゲタカ！　ホトトギスが鳴いている」と叫びました。家内の実家がある西宮市のホトトギスは、「テッペンハゲタカ」と鳴くそうです。それからは、もうそのようにしか聞こえません。

シーズン初めの練習中は、「テッペンハゲ……テッペンハゲタ」と断定形で鳴きますが、上手になると「テッペンハゲタカ？」と疑問形に落ち着きます。いずれにしろ、鳥のさえずりにも、しっかりとした練習が必要ということなのでしょう。

今朝、いつも通りの時間に起床しまして、お堂に上がってまいりましたが、道中で初夏の香りを感じました。その時にホトトギスの声も気持ちよく聞こえてきました。毎年この時期には一、二度感じることですが、季節の流れは順調なようです。

初夏の香りとは？と尋ねられてもなかなか言葉では言い表すことが出来ません。あくまでも私の感覚です。初夏の香り、もちろん温度や湿度にもよるのでしょうが、毎年この初夏の香りを感じることが出来る。昨年も確かに感じました。一年間、なにごともなく過ごさせていただいたことの有難さを感じました。

今朝はなぜ、その香りを感じ取ることが出来たのか。お堂の前に座って、ちょっと考えてみたのですが、温度、湿度の影響で、実際に山から香りが漂っていたことは確かなのでしょうが、当方の気持ちと体に余分な力が入っていなかったからではないか、と思います。お大師様は、「六塵《ろくじん》みな悉くこれ文字なり」と、『声字実相義《しょうじじっそうぎ》』にお記しのように、この世の構成物の全てには命があり、それぞれが自らを表現するように全て文字を画いている、ということです。人間とて、大自然の一部であるわけですから、命が通じ合っていることを自覚した時、もしくは、何の憂いも緊張もなく心が解き放たれている時には、大自然が何を表現しているか、文字を読むように感じ取ることが出来得る、ということだと思います。

こんな表現が正しいのかどうかはわかりませんが、「全身の力がほどよく抜けて、すべての毛穴が開いた状態」というような感じに思えました。「一々の毛孔より無量供養の雲海を流出して……」と、お次第の中にありますが、まさにからだの全て、五感で感じ取ることが出来る瞬間がある、ということでしょう。一日のうちにわずか一分でもこのような状態になることが出来れば、感謝の日々が積み重ねられると思います。意識して、毛穴を開く練習が必要なのだと思われます。

季節が順調ならば、落葉も順調です。五月の連休中、庭掃除をしておりましたら、一人の青年が「お手伝いさせてください」と申し出て掃除を始めてくださったのです。「この時期に落葉がこんなにあることを初めて知りました」とおっしゃいましたので、「春の落葉は小僧いじめ」という言葉があって、それは常緑樹が落ちる季節であるということを、お伝えしました。秋の落葉は皆さんもよくご存知でしょうが、量は多いのですが、水分もなく軽いので掃除も比較的楽なのです。また落葉自体も「もみじの絨毯」という言葉があるように、何日か放っておいても体裁が悪いというのでもなく、かえって「風情がある』と喜ばれることもあります。

けれど、春の落葉はそうではありません。落葉の量も秋の数倍、しっかりと固い落葉ですから重い。その上、「走り梅雨」の頃なので、地面が濡れているところにくっついて、掃除もしがたいものなのです。また、掃いても、掃いても、際限なく落ちてくるように感じられます。「落葉が落ちてくれるから、日々の仕事がある」とは解ってはいても大変です。常緑樹の落葉が一段落した頃、ちょうど今頃からですが、「竹秋」という季語があるほど、笹が黄色くなって一斉に落ちだします。これも地面にくっついて、たいそう掃除にてこずります。そんな話をしながら一時間ほど一緒に掃除をしました。

先般の日曜日、境内で箒の音がするのでのぞいてみると、その彼が「お休みなのでお掃除の手伝いにまいりました」と、大汗をかきながら庭掃除の真っ最中でした。その時、

「この前、春の落葉は坊主殺し、と教えてもらいましたが、本当ですね」と言われました。坊主殺しではなく、小僧いじめ、と訂正して大笑いになったのですが、「言葉の伝達」というものは、本当に難しいものだと思いました。「春の落葉は小僧いじめ」という言葉を誤解されていたようです。さいわい誤解の期間も短く、正しく知っていただけました。「相手の誤解は話し手の罪」という言葉もあるそうで、大切な話の時は、相手の状況、立場や性格、生きざまということまでも考慮に入れて、細心の注意を払って伝えることが必要なのでしょう。それゆえ、お釈迦様は「対機説法」をなさいました。

お大師様は『拾遺雑集』の中で、「奇なる哉。君王一糸の命、人をして一賤また一尊ならしむ（全く不思議なことだ、リーダーのたった一言が、人を賤しくも尊くもするのだから）」と、記されておられます。

上に立つ者の言葉の迂闊は、殊更にいましめておられます。一度相手に向けられた言葉は、「覆水、盆に返らず」のたとえ通り、取り返しのつかぬことになります。「的確で、かつ素直に、感謝を口にすること」、「心を和らげる言葉を好んで使うこと」、そんな心の癖をつけることが肝心なのだろうと思います。

多くの人々に毎日話をされている方には、困難をともなうことでしょうが、目上の者が発する言葉には計り知れない影響力があります。これから一月の間だけ、訓練と思って細心の注意を払って言葉を発してみてください。きっと癖になり、習慣になると思います。ウグイスやホトトギスもわずか数週間で上手に鳴きます。これから暑くなってきますと、口も緩みがちですが、どうぞ訓練と思ってやってみてください。きっと素晴らしい言葉となって相手に伝わることでありましょう。

さて、本日お参りくださった皆さま方の、およそ半数の方々とは、先日、「近畿三十六不動尊霊場巡拝」で高野山にご一緒しました。十二年がかりで、ようやく嬉しい成満を迎えることができました。四国八十八ヶ所のお遍路から始まり、西国愛染明王霊場巡拝、仏塔古寺十八尊霊場巡拝、神戸十三仏霊場巡拝、そして今回のお不動様霊場のお参りまで、およそ三十年をかけて有縁の霊場を参拝させていただくことが出来ました。いったんの一区切りです。

巡拝に行くたびにお話をしておりましたが、真言宗に縁あるものとして最も大切にし、決して忘れてはならぬことは、「本覚思想」ということです。田中千秋先生はお大師様の記述より、次の言葉を挙げられました。

「奇哉の奇　絶中の絶なるは　ただ自心の仏か」（『秘蔵宝鑰《ひぞうほうやく》・巻下』）

「無尽荘厳恒沙の己有」（『辨顕密二教論《べんけんみつにきょうろん》』）

「己有をさとらず貪これにすぎたるはなし」（『吽字義《うんじぎ》』）
「この身とこの心は、本来無尽の仏徳にかざられたもので、神秘かつ尊厳なるものである。これを知らないのは、無尽蔵の財を持ちながら、自分は貧乏人と思っているようなものである。だから、これを知ることに始まり、これを知ることに終わるのが、仏法である」と。このように弘法大師は信じ、このように教えられた、これを本覚思想というと、分かりやすく記しておられます。

愛染明王巡拝の折には、「吾は愛染明王なり」と。不動明王巡拝の折には、「吾は不動明王なり」と、自信をもって言えるようになることを、大きな目標としました。霊場巡拝が無魔《むま》成満《じょうまん》した今は、「吾は大日如来なり」ということが自覚できますでしょうか。自覚できぬまでも、素直に大日如来を拝むことが出来るようになられましたでしょうか。

大日如来は「多、無量、一切」、つまり大自然そのものの智慧と慈悲を自覚するということです。毎日毎日、一時も忘れず大日如来を自覚することは難しいことでしょうし、大日如来と言われても漠然として分かりにくいかもしれません。そんな時には、「お大師様と同体」と考えてみてください。

お大師様は入唐なされた折、三回ほどの灌頂を受けられました。目隠しをして華を落とされると、全てが大日如来の上に落ちたと伝えられています。師の恵果和尚は、そのたびに「不可思議、不可思議」と言って讃えられ、「遍照金剛」という名をお授けになられました。遍照金剛とは、大日如来そのもののこと。

この時よりお大師様は、修行や悟りの上で大日如来と同一になられたということです。大日如来と同一というのは、雲をつかむような話でも、生身のお大師様と同一と感じることは、「同行二人」を身をもって体感なされた皆様には、身近に思われるのではないでしょうか。

また、塗香《ずこう》の功徳についても何度かお話をしましたが、あの塗香の香りは、お大師様のご入定後八十六年、延喜二十一年に、醍醐天皇の夢枕に一人の僧がお立ちになり、

「高野山むすぶ庵に袖朽ちて　苔の下にぞ有明の月」

と、お詠みになられました。醍醐天皇は、高野山にご入定なさっておられる空海上人は衣の袖が朽ちてまでも衆生済度を続けられていることを感じられて、高野山に勅使を送り、「弘法」という大師号の諡《おくりな》と、檜皮色《ひわだいろ》の袈裟を下賜されました。

そして、観賢僧正が大師御廟を開扉し、御衣替えをなされました。その折に触れたお大師様の御身と御衣から、不思議な香りが自らに沁み込んだといわれています。その香りを再現したものが、今の塗香の香りと聞いたことがあります。

お勤めの前には、心やからだを清め鎮めるために塗香を塗りますが、お大師様と同じ香

りを発すること、これは「我即大日、我即空海」を確認するルーティン、つまり日々の行いです。

日常生活を送る上で、常に自分にとって都合のよいことばかりではありません。思い通りにならぬことはしばしばです。心が荒れた時、心が冥《くら》い時、そっと塗香を取り、香りを感じれば、「自身即仏」との思いに立ち返ることもできましょう。これも訓練です。継続によって確立して行く仏道修行の基礎であると思うのです。

幸せの扉

梅雨も本番となりました日曜日の朝、地元の草刈りがありました。朝の五時にはバケツをひっくり返したような大雨が降っていましたので、「今日は中止か」と思って、ゆっくりとお勤めを済ませ、お堂から出てきますと、なんと青空が広がっていました。大慌てで作務衣に長靴、そして頭にはタオルを巻いたいでたちで、鎌とビニール袋を腰にして集合場所に出かけました。

そこで、それぞれに挨拶を交わすわけですけれども、たいがいが「暑くて、うっとうしいことですな。今日はたんと汗をかきまっせ」というものです。五、六人の方とこんな挨拶ばかりしていますと、働く前から汗が吹き始めて、本当に時間の経つのが長く感じられます。しかし面白いもので、草を刈りながら、こんな梅雨の日は、どこでどれだけの人が喜んでいるのだろうか、どのような職種の方が幸せを感じているのだろうか、などと考えると、なんとなく心楽しく仕事の手が弾みました。

また先日、四国で農業をしている友人との会話も思い出しました。インターネットを使ってお米やみかんを通信販売しているのですが、去年、「玄米の取れる田んぼと白米のとれる田んぼは違うんでしょうか」といった、唖然とさせる問い合わせがあり、また、初夏に「みかんを送ってほしい」という注文があったので、「今はまだ青いから、おいしく色づいたら送ります」と答えたところ、「えっ、みかんはいつも黄色いのではないのですか」と言われてしまったとのこと。「ええ加減にせい。わしゃもう知らん」と言って、彼は笑っていました。

そんなことを思いながら体を動かすと、ずいぶん仕事のはかどり方が違うものだなと実感したのでした。同じ仕事をしていても、何を思うかによって、その成果には差が出てくるものですね。

「暗黒は生死《しょうじ》（迷い）の源、遍明《へんみょう》は円寂《えんじゃく》（悟り）の本」、とお大師様も記しておられますが、暗い所におったり、暗いことばかり考えていたのでは、体も、心も、言動にも、迷いばかりが生じて、いつまで経っても三業《さんごう》から三密《さんみつ》への変化はあり得ない。明るいところで清々しく明るい言葉を発しているような環境が整えば、円寂、即ち悟りに向かうのでありましょう。三業とは私たちの身・口・意、すなわち、思うこと・言うこと・為すことで、三密とは仏様のレベルの身・口・意です。

人の心を目で見ることはできませんが、人に心があることは誰もが自覚できています。しかも、そうした心が大きな力を持っていることは、「〇〇の一念、岩をも通す」といった表現があり、古くからさまざまなシーンで使われてきたことでも分かります。ちなみに「〇〇の」としたのは、この「〇〇」の部分が実にさまざまで、例えば「人の一念」や「思う一念」といったものから、「女の一念」「男の一念」、そして変わったところでは「猿の一念」や「猫の一念」まであるからです。いずれにしても、さまざまな時代を生きた先人達が心の力を信じてきた証しといえます。

ご存知のように、この表現の元は、「虚仮《こけ》の一念、岩をも通す」ということわざです。虚仮とは「虚仮にする」といって「愚かな」という意味で使われます。元々は仏教用語で、「内心と外見が一致しないこと」、「心の中は正しくないのに外見のみを取り繕うこと」という意味から、「物事の本質に明るくない人」、「実のともなわない人」ということにもなります。つまりこの諺は、「どんなに未熟で実のない人間に見えても、一心に念じる心があれば、その思いが通じる時が来る」というものです。

東北の大震災から百日余りが過ぎて、百ヵ日の供養もあちらこちらで営まれました。私たちの仲間も数名ですが被災地に出かけ、お昼間は各地を供養して回り、夕方からは避難所の炊き出しに加わるといった奉仕活動に従事しています。聞くところによれば、拝んでいると、約七割の方が一緒に拝み始めたり、お礼を言ってくださるのだそうです。けれども中には、拝んでいると、「ここではまだ死んだと決まったわけではない。縁起でもないから拝むのはやめてくれ」と憤られる方もおられるとのこと。さぞや痛恨の日々を過ごしておられるのでしょう。

何度もお話をいたしておりますが、「死んだからお供養をする」という考え方だけではないのです。遠くに離れて暮らす者のために「陰膳《かげぜん》」ということがあるように、祈りや思いは必ず通じるとの信念をもって、しっかり行方不明者の方のお供養をすれば、次々に良い方向に向かうはずなのです。

震災から三ヶ月余りが過ぎて、現地の方々は、がむしゃらな時期から冷静に自分の置かれた立場を分析できるようになって来だしておられるようです。「完全に八方が塞がれているな。けれど、突破口はこの方角だな」と気づきだしてはおられるけれども、まだ「暗黒は生死の迷い」の中におられるのでしょうか。

あのヘレン・ケラーの言葉に、「一つの幸せの扉が閉じるとき、別の扉が開きます。しかし、わたしたちは、閉じた扉に目を奪われるあまり、開いた扉に気がつかないのです」とあります。

まさに現地におられる方々は、閉じられた扉に全神経が集中されていました。しかし、別の開いた扉の存在をも確認できるほどの心のゆとりが出始めてきておられることを祈ります。開扉の存在に気づくか気づかないかのいかんにかかわらず、実質的な祈りと明かりを捧げさせていただきたいと念じています。

あのアメリカが政府を挙げて、「日本のために愛を込めて祈る」と言い、州の決まりとして各教会で日本のために祈る時間を作って祈りを捧げてくれているそうです。また国連では、「今まで日本は、世界の諸国に対して数え切れないほどの援助をしてきた援助大国だ。今は私たちが全力で援助する」と声明を出して、さまざまな援助を継続的にしてくれています。世界各国からの援助はもちろんのこと、アメリカの三十億円の義援金に次いで、お隣りの台湾からも、それに近いお金が届けられました。おそらく全島を挙げての寄付であったのでしょう。

日本は気候が穏やかで、心も穏やかで、しかも単一民族で争いもなく、仏様の集団のように諸外国から見えているからこそ、その苦難に莫大な義援金と祈りでもって、支えてくれようとしているのではないでしょうか。今まで私たちは、諸外国の大きな災害に対して国を挙げて国民全てに浸透するほどの祈りを捧げる運動があったでしょうか。諸外国が国を挙げて祈ってくれているのに、同じ国の同胞がはたしてそこまで真剣に祈りを捧げているのでしょうか。「拝んでも届くわけがない」、「ただのパフォーマンスはするな」などという政治家までいる始末では、本当に情けないことです。

日本七霊山の一つとして数えられる四国の石鎚山《いしづちさん》は、今から千三百年の昔、役小角《えんのおずぬ》により開山された修験道の霊山です。この石鎚山の中腹には「成就社」という神社があります。役小角が、心身を清め、山頂を目指していた時のことです。どうしても神意を感得することが出来ず、力尽きて下山しようとしたところ、ある神社の境内で一人の白髪の老人に出会いました。見たところ樵《きこり》でもないその老人は、ひたすらに斧《おの》を研いでいます。不思議に思ってわけを尋ねてみると、「この斧を研いで針にする」とのことでした。

この言葉に感銘した役小角は、再び行を続け、めでたく西日本最高峰の石鎚山を開山することが出来ました。実はこの時の老人が石鎚山の神であったといわれ、心願叶った役小《えんのお》角《ずぬ》が、改めて山頂を見返して、「わが願い成就せり」と拝したことから、「成就社」と名付けられました。

このような篤い祈りは必ず通じるという信念をもって拝むこと、弛まず継続して拝むことこそが、我が国の復興発展に繋がると思っています。

仏性の自覚とは

お暑い中を、ようこそお参りくださいました。

蒸し暑い季節を迎えましたが、こちらの都合で、「暑い、寒い」などと大自然の恵みに対して文句を言ってはいけないことは、十分に承知いたしておりますが、今日の蒸し暑さは格別のようです。しかし、釣り好きにとっては「若鮎おどる好季節」といって、一年間待ちに待った気温と暑さなのだそうです。間違いなく、「蒸し暑いとはなにごとか！」とお叱りを受けそうです。

仏教説話からですが、一人は傘屋へ、もう一人は下駄屋へと、二人の娘を商家に嫁に出したお母さんがいました。雨が降っては、「下駄が売れずに困っているだろう。姑にいじめられてはいまいか」と心配し、天気が晴れては、「こんなに晴れては傘が全く売れないのではないか、姑にいじめられてはいまいか」と嘆き悲しんで、毎日を送っていた。ところが、ある日「雨が降れば傘屋が儲かる。きっと姑にほめられているぞ。天気が続けば下駄が売れて、きっと姑にほめられているぞ」と思って毎日を暮らしなさい、と助言を受けたとたん、毎日が楽しくなったという話があります。心の置きどころ、いかに素直にものごとを感じ、暮らすかで、随分と変わってしまうものだと思います。

金戸聡明さんという写真家が先般お亡くなりになりました。四年半ほど前に白血病と診断され緊急入院、余命二ヶ月との診断でした。入退院を繰り返し、退院時には、東京からカメラを抱え、自ら運転して鏑射寺に来られて、この山や、仏さま、寺報「帰命」の表紙、絵葉書などを撮影されました。今回の『帰命』の表紙、お観音様のお手の写真が、遺作となってしまいました。

お葬式の時にご家族と話をしました。亡くなる間際まで、写真のことをお考えだったそうで、昏睡の中、息子さんが付き添っておられた時に、「よし、ハワイに行くぞ」と叫ばれたそうです。とても晴れやかなお顔だったと言っておられました。

今回の「帰命」の表紙の撮影の様子を、奥様から伺いました。前回、前々回の撮影の時は、被写体を決めて、それをいろいろな角度から数枚撮り、また光線の具合を変えては数枚撮り、そして「少し疲れたから休もうか」と言っては撮影を続けておられたようです。ところが今回は、カメラを構えても「仏さまがここに手を出されて、こう撮って、とおっしゃっておられる。だからぜんぜん疲れないよ」とか、「レフ板で光を当てましょうか」と聞かれたら、「もうすぐこちらから日が射してくるから、少し待とう」と言って深呼吸をされたとたん日が射して来たりと、今までとは全く様子が違っていたとのことでした。

一般のカメラマンは、被写体を狙って、そのものが持つ特性をこう撮りたい、ああ撮りたいと、自分の個性で相手を引き出そうとするそうです。一流といわれる方は、自分を消す、無心になるということが出来て、相手の特性を浮き上がらせる。そして超一流になると、相手の特性が浮き出たところで、こちら側が無心を超えた有心になる。そうすると、相手の徳分までが写りこむようになる。カメラマンの徳分で、相手の徳分を引き出してしまう。その域にまで到達なさっておられたのだと思います。しっかりと仏性を自覚なさっておられた方だと思います。

「朱に交われば赤くなる」とか「同じ穴の狢《むじな》」とか、そんな負のことわざもありますが、徳分は、徳分のある人と接することによって引き出されますし、磨かれもします。そして増えていきます。

以前、何度かお話しましたが、桂枝雀の「高津の富」という落語の枕に、こうあります。「金は天下の回りものと申しますが、誰にでも平等に回ってくるものではございません。あのお金には、回る道というものがあるんやそうでございますな。ですから、そのお金の回り道のニアーバイにおられる方には、それはもうしょっちゅう回ってくるんですが、回る道のファーラウエイにおられる方には、いつまでたっても回ってこんのでございます。そして、あのお金という代物、大変寂しがりややそうでございまして、友達のおるところ、仲間のおるところへ集まりたがるんやそうですな。ですから、お金持ちになろうと思えば、まずお金をためなければなりません」。

この話、人の徳分とよく似ているとお感じになりませんか。徳分を備えた方と一緒にいると、自然に、本来自分の持つ徳分がにじみ出て身につくそうです。この徳分は、自分の中にあるから出てくるのです。気がつかないで無駄に貯蔵しているだけでは勿体ない。「自分のこころの蔵をあける作業」を積極的に行うことが出来れば、にじみ出た自らの徳分を自覚できる。つまり徳分の自覚、「仏性の自覚」なのです。

仏性の自覚は、命が何億年も途切れることなく繋がっていること、無限の事象を経験していること、そして、思いつくことは必ず実現するということに自信が持てる、ということです。

その自覚が出来ると、訓練、繰り返しにより習慣づくと、今までの暮らしを反省、懺悔が素直に出来るようになり、良し悪しにかかわらず何より回りの人々の言葉を素直に聞くことができるようになるのです。

日常生活においても、穏やかな心で過ごせる時間が増えてくる。なにごととも調和し、入我我入の感覚が取り巻き出す。日常、大変難儀な状態の中でも冷静になれて、八方塞がりのように見えても、上下が大きく開いていることに気づき出す。もう少し進めば、そのような悪い状態が身の回りに起こらなくなる。

「生かされている」ことに本当に気がつくと、「死ぬまではしっかり生きていける」という有難さと、自分への自信と責任が感じられるようになります。具体的には、「他人の言葉の大事さ」というものに気づきだす。素直になれる。謙虚になれる。そういったことが、必ず付いてくるような気がします。努力の積み重ね、地道な訓練の積み重ねによって育まれるのです。

お大師様は、「未だ学ばずして道を成じ、空を談じて就することを見ず」と記しておられますし、また、「焼いていない水瓶で水を運んでも漏れる。焼いた水瓶ならば問題がない」とも説いておられます。粘土で形造っただけの水瓶で水を運んでも、知らず知らずの間に滲み出して漏れてしまいますが、しっかりと焼きを入れた水瓶ならば、漏れることなく運ぶことが出来ます。焼く作業です。焼入れ作業です。生かされている間に、この命ある間に、しっかりと焼き入れをして、有漏のない人生を送りたいものです。

四恩ということ

暑い日が続いております。たまには夕立も来るのですが、ここ数日は降っておりません。毎年、「観測史上、最高を記録しました」というニュースが耳に入ります。温暖化は確実に進んでいるようです。たまの夕立も激しさを増して、大陸的な降り方をしているように感じます。

暑い暑いばかりでなく、命があるから暑さも寒さも感じられるわけですし、この暑さも無理にではなく、ごく自然に「有難い」と素直に感じられるように、早くなりたいと思ってはおりますが……。

先般、スリランカの高僧が、「日本に生れた人たちは、前世の行いがよほど良かった人たちでしょうね」と、しみじみおっしゃっておられました。四季があり、水があり、教育があり、少々危ない人も増えてきてはいるようですが、それでも人間は穏やかで、いろんな意味での文化があり、熱帯や極寒の国からすれば、四季があるというだけでも楽園に見える。いや、それ以上の浄土に見えているのではないでしょうか。

しかし、そこに住まわせていただきながら、不平、不満を言う。しかもそれを社会や他人のせいにして、自分に対する反省がない。先日も悲惨な殺人事件がありましたが、犯人の三十三歳の男は、「親が話しを聞いてくれず、事件でも起こせば名前が出ると思った」などと、幼稚なのか凶悪なのか解らぬようなことを言っています。

どんな素晴らしい境遇に置かれていても、その自覚と感謝、そして向上の心がともなわなければ、宝の持ち腐れになってしまいます。それが出来なければ、裕福な国であるがゆえに、わずかな生活や財産の違いに嫉妬して妬み、「もっと欲しい、もっと欲しい」という、多財餓鬼の温床になってしまう危険性があります。

以前お話しましたが、お大師様は、「いまだ学ばずして道を成し、空を談じて就することを見ず」と記されておられます。道具も知識もあるのだから、しっかり眼を開いて上手に身に付けなさいよ、とおっしゃっておられるわけです。目さえ開いておったら、全てが仏だということに気づくんだよ、と繰り返しお書きになっておられます。

自分の眼を開く暮らし、その基本はやはり「四恩」をしっかりと自覚することでしょう。四恩とは次のようです。

「国王の恩」、この国に生まれられたことの幸せです。

「親の恩」、この世に生んでくださったことの幸せ、命を繋いでくださったことへの感謝の心を言います。

「衆生の恩」、あらゆる人々の手助けをいただける幸せ。この世では、決して、自分一人では生きて行けません。例えば料理は自分で作れても、食材を提供してくださる方、鍋や釜を作る職人さんもいるというように、あらゆる人々によって助けをいただける幸せです。

「三宝の恩」とは、「仏・法・僧」を三宝といい、正しい教えと道徳が示されていることで、その命の可能性が無限であることを、「恩」として自覚しようということです。

自分を取り巻く環境の有難さ、つまり、人の言葉であったり、水の流れ、風の音や香りにも仏法を聞くことができて、生かされていることが、自然に有難いと日々感じて生きられるか否かで、浄土が浄土であり続けるか、地獄や修羅のような生き様になってしまうかに分かれてしまうのです。

浄土といえば蓮の花が付き物で、仏様の世界を象徴する花といわれています。七月の月花も蓮だそうです。鏑射寺にも古代蓮と呼ばれる大賀蓮や、いろんな種類の蓮がいま開いておりますのでご覧いただけますが、せっかく鑑賞なさるなら、ただ眺めるだけでは勿体ないのです。

お大師様が『般若心経秘鍵《ひけん》』の中で、「蓮《はちす》を観じて自浄を知り、菓《このみ》を見て心徳を覚る」と記されたように、蓮は汚い泥の中から生じながら、その泥に少しも汚されることなく、清く美しい花を咲かせる。その蓮を見ては、自身の本性も全くこれと同じく本来清浄なものであることを知り、またその蓮台にあるたくさんの蓮の実の、その一つ一つに、すでに根、茎、葉、花など悉く内蔵していて、その果が集まって一つの蓮台を形作っている姿を観じては、自身にも萬徳が備わっていることを自覚する、ということです。

その果が縁に出会って、池に落ちれば、何十倍、何百倍の功徳の基になるのです。「仏種蓮池に開き、因徳果を生ず」です。

蓮と言えば、先日、他寺の法要で私の友人が参詣の方々に法話をされた時、大賀蓮の話が出ました。その中で「蓮の花はいつ開くか」というくだりがありました。彼が「蓮の花はいつ咲くのですか」と、お師匠様に尋ねたそうです。

そうしたら、「そんなことも知らんのは和尚さんとしては恥ずかしい。明日朝、寅の刻になったら、水をかぶって蓮池の前でじっとしておれ」と言われたそうです。それを実行したところ、「確かに虎の刻、蓮が小さくポンと音をたてて開いた。その感動は忘れられない思い出である」と話されたのです。

それを聞いて私も体験しないわけにはいきませんので、先日、虎の刻、水をかぶって衣帯を整え、蓮の前に座っておりました。確かに寅の刻から卯の刻に近づいた頃、蓮は開き始めました。本当にゆっくりと。いいもんですね。

でも、音がしないのです。懲りずに、次の日も、今度は耳をダンボのようにして待ち続けましたが、あきません、だめでした。三日は続けなければ、坊主にはなれんのかもしれませんが、次の機会を窺《うかが》っております。

暑いですけれど、愚痴を減らす訓練をしっかりと蓮に学びたいと思っています。

万燈・万華を献ずる

夏本番となりました。それにしても、雨の降り方は今までになく激しくなってきているように思います。連日のように、七十年に一度、または今までに経験したことがないような大雨に注意してください、といったテレビでのニュースを見ました。

実際この二ヶ月で、九州大分県の日田市、続いて岐阜県、東京を中心とした関東地方、先日は秋田県、北海道函館市、日を置かずして、近畿・中国・四国と、北から南まで、大雨による河川の氾濫、山崩れ等々、いつ、どこで災害に遭遇するかもしれません。

その後、高気圧にすっぽりと覆われた日本列島の各地では、連日、四十度近い気温です。気象庁では、水分や塩分の補給、エアコンの利用を盛んに呼びかけるありさま。それでも熱中症で倒れる人が後を絶ちません。皆さま方も、どうぞくれぐれもご自愛ください。

あまり報道されていませんが、世界中のあちらこちらでも、洪水や、大規模な山火事、火山の噴火などが頻発しています。とくに日本だけに限った現象ではないようです。

しかし、なぜ日本にばかり大変な災害が起こるのだろう、という声をよく耳にします。広い世界の中にあっては、極東の小さな島国であるこの国ばかりが被害に遭うのはなぜだろう、こんな災害に遭うのは行政が悪いからだとか、大きな意味で他人のせいにするということが多いように感じられます。

日本は小さな島国、という思いがあるようですが、日本の国は海も含めて占有している領土の広さは世界第六位です。人口もわずか一億といいますが、これは世界では第十位の人口を有しているのです。大きい国なのですから、災害もあります。愚痴ばかりこぼさず地球規模でたびたび起こりくる災害をどのように受け止めるか、「護られるべくして護られる」という生きざまが出来るように、しっかりと心を真《しん》に据えなければならないと思います。

間もなくお盆です。お盆を迎えるにあたって皆様方は、迎え火を焚き、切子灯篭に火を灯し、仏壇に色とりどりの果物や野菜を供え、お墓も綺麗に掃除をなさる。私たちが毎日安楽に暮らすことが出来るのは、この世に命を繋いでくださったご先祖様、また陰に日向《ひなた》に支えてくださっている三界万霊のお力なのです。

生かされている命の不思議さ、有難さを見つめ直し、今、私たちの周囲に生きている全てのものへの愛、というよりも慈悲を、より深いもの確かなものにして、自分自身が燈火《ともしび》となれるように、と祈りを捧げる特別な期間です。静かに命の有難さを見つめる日を迎えるということです。そのために準備万端、整えておられることでしょう。

その中心となるのは皆様のお家にお祀りされている「お仏壇」ということになりましょう。このお仏壇、今日ご来山の方々はすでにご存知のこととは思いますが、決して位牌の住処《すみか》ではないのです。

聖徳太子によって発布された「憲法十七条」（六〇四年）により、仏教が国教と定められて、その後、白鳳十四年（六八六年）三月二十七日に、「諸国の家ごとに仏舎を作り、則ち仏像と経巻を置いて礼拝供養せよ」（日本書紀）との詔が、天武天皇より出されました。以来、江戸時代に入り、ようやく各家庭に仏壇が祀られるようになったのです。

現在の一般家庭にある仏壇には、ご先祖のお位牌が祀られていることが多く、お仏壇といえば、亡くなった方々を祀るところだと思い込んでおられる方も多くおられますが、「位牌壇」といわずに「仏壇」と呼ぶように、元々はお寺の「お堂」そのものなのです。

仏壇の中に位牌を祀るのは、仏様のかたわらにあって守護いただくためであり、決して位牌の住処ではありません。「子は親の後姿を見て育つ」といいます。お仏壇は仏様をお供養し、亡き人にも出会い、対話をする場所であるとともに、幸せな家庭を築く心の中心、豊かな情緒をはぐくむ躾の場でもあります。

「私は分家で、まだ死人を出したことがないので、仏壇はありません」とおっしゃる方にも時折お目にかかりますが、独立、分家の折には、まず仏壇を新調して、仏様をお迎えし、新しい暮らしを始めたいものです。

しかし、今は家庭団欒《だんらん》の中心はテレビに独占されています。暗いニュースの多い昨今、手を合わせ、人格を磨き、清らかな家庭を築く一家の中心として、正しい仏壇の在り方を見直してみていただければ、と願っています。

ずいぶん昔に、古美術商のご隠居さんが「私たちが骨董屋の丁稚になった頃は、毎日毎日、本物だけを見せられ、触らされて、育ててもらったものです。そうするうちに、偽物は何となしに偽物と解るようになっているのです。薫習《くんじゅう》というか、有難いことでした」と言われたという話を聞いたことがありました。

科学の発達と時代の流れの中で、ありとあらゆるものの模造品が生み出される昨今、本物に対する価値観に大きな変化を感じます。偽物と知りつつ使い勝手の良さ、見た目の美しさを優先し、重宝していることは、誰にも身に覚えのあることだとは思いますが、脈々と続く慣習や心の価値観まで偽物化することは、いかがなものでしょう。

お仏壇に話を戻しますが、仏壇の中心にはご本尊様、左右に脇仏様をお祀りします。お位牌は一段下がったところ、仏様のお姿を隠さない程度の高さに安置し、香、華、燈りと、全てお供えの用意が整うと、心静かに読経を済ませて、その後、ご家族で団欒の時をお過ごしいただければと思います。

その折にもう一つ、日が陰った頃、誰でも簡単に出来る供養の方法として、「燈りを捧げる」ということがあげられます。

弘法大師は、「衆罪を懺悔し、四恩に奉答するために、萬燈、萬華を献じ供養しよう」と、燈りを灯す功徳が尊いことを説かれて、高野山を幾千、幾萬のお灯明で飾り、大法要を営まれました。この法要は「萬燈会《まんとうえ》」と呼ばれ、天長九年より絶えることなく続けられています。

その『高野山萬燈会の願文』に、お大師様は次のように記されます。

「日燈空《にっとうくう》に擎《かか》げて唯一天の暗を除き　月鏡漢《げっきょうかん》に懸《か》けて誰《たれ》か三千の明《めい》を作《な》さんや　大日遍く法界《ほっかい》を照らし　智鏡《ちきょう》高く靈臺《れいたい》を鑒《かんが》みるが如くに至っては　内外《ないげ》の障り悉く除き　自他の光普く擧《あ》ぐ　彼の光を取らんと欲《おも》はば　何ぞ仰止《ぎょうし》せざらん」。

太陽の光はただ一天の暗を照らすのみ、月は天にかかって輝くのみ、どうして三千世界を照らすことが出来るのだろう。しかし、大日如来の光明は、内障たる無明、外障たる業《ごっ》障《しょう》も悉く除滅し、普く法界を照らすではないか。そこで大日如来の光を体得しようと思うなら、よろしくよく信じ、仰望しなければならない。

そしてお大師さまは、こう続けておられます。

「是に於て空海　諸《もろもろ》の金剛子等《こんごうしとう》と與《とも》んじて　金剛峯寺《こんごうぶじ》において聊《いささ》か萬燈萬華《まんとうまんげ》の會《え》を設けて両部《りょうぶ》の曼荼羅《まんだら》　四種《ししゅ》の智印《ちいん》に奉献す　期《ご》する所は毎年一度　斯《こ》の事を設け奉りて四恩を答し奉らん　虚空盡き　衆生盡き　涅槃盡きなば　我が願いも盡きん」。

ここにおいて空海、三宝に帰命し奉って諸々の金剛の弟子達と共に、金剛峯寺において聊《いささ》かながら万燈万華の法会を催し、一切の曼荼羅諸尊に献じ奉ります。期するところは、今後毎年一度、この万燈万華会を修し奉って四恩に報いたい。

この法会は、虚空のある限り、衆生の存する限り、涅槃の続く限り、年々歳々永久にわたって修し奉りたい。もし、虚空が尽き、衆生が尽き、涅槃が尽きれば、私のこの願も尽きるが、それまでは願って止まない。

万物が存在するこの宇宙が尽き果て、生きとし生けるものが、みな解脱して仏となり、涅槃を求めるものが皆無となった時に、私の願いは終わる。（訳文は『性霊集講義』坂田光全師によります。）

その後に、万燈・万華会の功徳を述べておられます。

「濫字《らんじ》の一炎乍《たちま》ちにして法界に飃《ひょう》して病を除き　質多《しった》の萬華《まんげ》笑みを含んで　諸尊眼《まなこ》を開かん」。

　生きとし生ける全てのものが大日如来の光に照らされて、お互いに燈火を点じ合い、美しい華のごとく微笑みを交わしあう世界の実現を、お大師様は願われたのでありました。たくさんの灯りをお供養できればよいのですが、ご家庭ではなかなかそうはいかないと思います。そこで、ご存知の通り、当山では毎年八月十五日の午後六時半より、境内に数千の燈りを灯し、私たちの命を今に繋いでくださったご先祖様をはじめ、有縁・無縁の諸精霊供養のための追善法要、千燈会を厳修しております。

　燈りを献じ、光の海の中に身をおくことで、自身が、萬物が、諸精霊が、仏様の光明に照らされながら、自心を、そして周囲を輝かせて、密厳浄土を顕現する。共々にそうありたいと願っています。

蓮花開く

秋の気配が感じられるようになりました。八月でこのような現象は、あまり記憶にありません。今朝の新聞には、八月六日に富士山の初冠雪の記録が更新されたそうで、これは九十四年ぶりとのことです。例年より五十数日早いのだそうです。急激な変化ですから、お風邪など召しませぬように、ご自愛ください。

昨日の夕刊に、世界の人口およそ七〇億人、そのうち貧困層は約四分の一の十四億人に上るという記事がありました。貧困の定義は、一日の生活に一ドル二五セント以下の暮らしということらしいのですが、一ヶ月にすると四二〇〇円程度になりましょうか。一年にすると六万円以下です。

わが国では、もちろん例外もありますが、暮らしが立ち行かなくなった場合でも、お国が生活保護という名目で、高齢単身者には、月額六万三千円あまりの援助をしなければならないことになっておりますので、日本においては、最低でも世界基準の十数倍の生活が保障されていることになるわけで、たった一人も、世界基準生活貧困者はいないという建前になっております。

何度も申しますが、「現代の日本人に生れられた方は、前生でよほど徳を積んだ人たちなのでしょうね」という、スリランカのアーナンダ長老のお言葉が身に沁みます。物質に恵まれ、過ごしやすいこの日本に生まれた幸せに、素直に感謝をしておられますか。または楽園のようなところにいながら、愚痴ばかりこぼしておられるのでしょうか。

せっかく修行が出来る、向上しようという健全な心があり、道具も知識もたくさん与えられているのですから、それらを見逃すことなく、目をしっかりと開いて身につけるように、共に精進いたしましょう。

「過去の因」によって生じた「現在の果」は、生き様によって、そのまま「未来の果」を生じる「因」になることを、しっかりと自覚して溌溂と生活することこそが、普段に出来る仏道修行であります。このことを常に心に据えておきたいものです。

話がそれますが、先日、大阪で友人と待ち合わせをしていました時、時間が少々ありましたので喫茶店に入って、何気なく手に取った本が、「究極の選択」というような、題をきちんと覚えていないのが残念ですが、内容は、「あなたがアマゾンへお母さんと恋人と三人で出かけました。二人が毒蛇にかまれましたが、血清は一本、一時間以内にどちらか片方に全量打たなければ助かりません。あなたはどちらにそれを打ちますか」というようなものや、「もし絞首刑の生放送があったら、あなたは見ますか、またその罪人があなたの知り合いならばどうしますか」などなど。こんなふうな質問がいくつも書き連ねてあるものでした。

結構、興味深く読みました。いまは笑って聞いておられますが、実際わが身に降りかかった時、果たしてどうするのでしょうか。あなたなら、どうされますか。

私たちの命は、もう何十億年も繋がってきているわけですから、さまざまな経験をして潜り抜けた末に、結果として今の命をもらっているわけで、現世においてこれからもしなければならないたくさんの判断が、来世への因となるのです。

心を安住させておかないと、とんでもない判断になります。最善の判断を何気なくできるようにするのが、仏道修行ということになるでしょうか。

先ほど、お参りの方から、「蓮の華の開く音は聞こえましたか」、と尋ねていただきましたので、そのご報告を申し上げます。以前、そんな話をしましたので、それについてのご質問です（「四恩」参照）。

七月に二晩がんばりましたが音が聞こえず、八月に入りまして、また二晩、座ってみました。もちろん、七月に失敗していますので、事前の調査はかなりしました。まず、十人ほどの和尚様に音を聞いたことがあるかどうか尋ねました。結果はちょうど半々でした。

そして、インターネットで蓮の開花の音についても調べましたが、「ポン」とはっきりとした音はしないが、葉の擦れ合う微妙な音が稀にすることがあると。

これは、耳で聞くというよりも、目と心で聴く、ということが理解できました。その上で、ふっくらと明日開きそうな蓮を見つけて、夕暮れに「明日開いてください」とお願いをして挑みました。

座っている時に、『声字実相義《しょうじじっそうぎ》』の中でお大師様が、「六塵《ろくじん》悉《ことごと》く文字なり」とお記しになっておられることを思い出しました。

六塵とは「眼《げん》・耳《に》・鼻《び》・舌《ぜつ》・身《しん》・意《い》」、つまり眼に写る色や形や動きは、「文字」である。耳に聞こえる音や声は「文字」である。鼻ににおう匂いも舌で感じる味わいも、からだで感じる感触も、それもまた「文字」である。目に見えぬ心の動きも、じつは「文字」である、ということなのです。

お大師様のおっしゃる「文字」の意味は、じつに広くて大きくて、顔色を見るというのも、顔色、目つき、態度も、その人の心の中を表現している「文字」である。草木や花は、その色や形、匂いで自分の生命を力いっぱい表現している。人間も、髪型や、お化粧、服装によって美しく表現しようとしている。風も、小川のせせらぎも、小鳥の声も、やさしさに満ちた人の声も、怒号や話し声も、歌も音楽も、それぞれの心境を歌った「文字」である。料理も、食べ物の持ち味と、作り手による「文字」であり、幾種類の踊りも、からだの動きによる「文字」である。また、心の動きは、目に見えない内に潜んだ「文字」である、ということでしょうか。

生きていく上において、美しい「文字」を書くか、よごれた「文字」を書くかは、それぞれの人の努力と普段の心がけなのでしょう。

美しい心の「文字」を画いて見たい。それが信仰の醍醐味かな、などと考えておりましたら、いつしか、見事に蓮の花が開いておりました。

秋彼岸

「暑さ寒さも彼岸まで」とは本当によく言ったものです。この時期、快適と感じられることは、暑い日や寒い日があったからのことで、それが心地よく感じられて、心が穏やかになってきているからこそ、そう思えるのでありましょう。

現世（此岸）は、迷いの世界であり、河を渡ったあちらの岸、つまり彼岸は悟りの世界。あらゆる煩悩が消滅し、苦しみを離れた安らぎの境地、究極の理想の境地を指します。

四苦八苦のあるこの岸を離れ、彼の岸に赴こうとして、昼夜の時間がちょうど半々のこの日を中日として、七日間、仏事を行うこの期間を、「彼岸」と呼ぶようになったようです。

平安初期から朝廷で行われていたようで、『源氏物語』『蜻蛉《かげろう》日記』などにも記述が見られます。江戸時代には庶民の間で年中行事化したということです。

彼岸は、梵語の波羅蜜多の訳語です。波羅蜜多は、「行」すなわち仏道修行のことを言います。実践行としての代表格に、「六波羅蜜」が挙げられます。が、それを始める前の基本、仏道修行の始まりは、「仏性を自覚すること」に尽きるわけです。

先日、NHKのニュースでアナウンサーの方が「今日から一週間はお彼岸です」と原稿を読まれていました。「彼岸」はすなわち「仏国土」ということですから、天下のNHKが「今日から一週間、我が国は仏の国です」と公共放送の電波で流布されたということになります。思わず頬がほころびました。

仏の国ならば、その中に住いしている者は、すなわち仏でなければなりません。仏として振る舞いましょう、出来ればその気持ちを出来るだけ長く持続させましょう、というのが仏性を自覚した人間としての生き様だと思うわけです。

仏性の自覚は、「命が何億年も途切れることなく繋がっていること」、「無限の事象を経験していること」、「思いつくことはかならず実現する」ということに、自信が持てることです。

自覚が出来ると、今までの暮らしを反省し、懺悔が素直に出来るようになります。良し悪しにかかわらず、何よりも回りの人々の言葉が素直に聞けるようになります。日常生活においても、穏やかな心で過ごせる時間が増えてくることが感じられるようになるでしょう。

仏教国だけではなく、イスラムの国でも、彼岸と同じような行事が国を挙げて行われています。「ラマダン」です。昼間には物を食べない我慢大会のようにも思えますが、「断食を通して、持たざる者の気持ちを理解し、持てる物への感謝をする精神修養の期間。ラマダン中には、声を荒げたり悪口を言ったりすることも慎まなければならないほどです。

いつでも食べられる環境、快適に生きていることが当たり前なのではなく、食べられぬ同胞に自分の食を捧げる、国を挙げての施餓鬼のような行事なのです。

「食べられることの有難さすら忘れがちな今、皆でラマダンをいたしましょう」とは言わぬまでも、お彼岸の期間くらい、世界の食べられぬ人々に対して、意識を向けた生活を送るということが大事であると思います。これが「至心回向《えこう》」というものではないでしょうか。

「仏性の自覚」の後は、具体的な「実践行」です。多くのお寺では、平安時代より現在まで、この期間には『般若心経』を読誦し、その講義を聴くということが、連綿と受け継がれています。

「ギャテイ、ギャテイ、ハラギャテイ、ハラソウギャテイ」

一般的な意味は、「行こう、行こう、彼岸に行こう、皆で揃って、彼岸にいこう」ということです。『般若心経』には、彼岸に赴くための手段が説いてあります。それを読んで、理解して、実践して、仏としての暮らしをしよう、というのです。

『般若心経』は、八万四千の法門（実際には一万巻）といわれる仏教経典の中で、最も多くの人に親しまれ、研究され、読誦され、その心の糧となってきた経典で、文字数は二百六十四文字の小経典ですが、全ての経典の神髄が要約されてこの中に盛り込まれている、といわれています。ですから、天台も、華厳も、浄土も、禅も、全て含んで、僧俗を問わず親しまれているのです。

『般若心経』の解釈は大きく二通りに出来ます。一つは　顕教的に、一つは密教的に、です。密教的には、般若菩薩の大心真言、三摩地の法門であると説かれています。すなわち「因縁」ということと、「空」、「無」を理解し、体得することが、『般若心経』を理解することになるのだろうと思います。人それぞれ、無数の解釈が出来るわけですが、簡単に「因縁・空・無」の基本の一部分だけを申し上げます。

まず、因縁とは、「過去の因によって生じた現在の果は、そのまま未来にも果を生じる因である」ということ。空と無については、一言ではとても難しいのですが、「天下に廃物なし」、「すべてのものをその時々に最も価値あるように利用することができる智慧」ということになると考えています。

『般若心経』は、否定的表現を縦横無尽に駆使して、私たちの分別意識を徹底的に打破するような文章です。例えば水ですが、水を流動体と思い込んでいれば、「水の本質はそうではない」と否定する。また、そうすると、水の本質は気体かと思い込む。それをまた否定し、それもまた一部に過ぎないことを自覚させる。その繰り返しによって誤った考えを否定しつくした結果、そこに得られる本当に誤らないものが、「空」でなければならないということでしょう。

そして、水が無常であることが理解できれば、水を扱う時には、初めからその変化に対する準備ができる。その本質に気づかない人は、流動体の水を見て、いつまでも流動体であると思い込んで、思わぬ失敗をすることもあります。夏に敷設した水道管が冬に破裂するなんてことになる。ちゃんと理解していれば、夏には氷を作って、冬には蒸気にして暖をとるなど、自由に水を利用することができます。このように、水ならば水を自由に取り扱う道を知る時に、水の上に空が得られた、ということが出来ると思います。

何度もお話しておりますが、人間といっても大自然の一部です。本質に目覚めれば、必ず万物と通じ合い、すべての可能性を引き出せる能力を備えていると確信しています。

お彼岸の話に戻りますが、皆さんお彼岸というと、まず「お墓参り」や、和尚さんに来ていただいて「仏壇でのお参り」をするものと思われている方がほとんどのようで、私の知り合いの和尚さんも一斉に慌ただしくなっています。

では、彼岸という期間はお墓参りの期間でしょうかという疑問を持った方はいらっしゃいませんか。それも大事なことですが、お墓は確かに自分の命を繋いでくださった方の一部が納められ、仏様として見守っていただいている場所ではありますけれど、ご先祖様の魂が安住している場所ではありません。

今、この場に命をいただいていることへの感謝を捧げるところであって、いただいた命を溌溂と輝かせているか、この生きざまでよいのか、といった命の確認をする場所です。お墓は「自分とご先祖様との交信の場所」と捉えていただければよいと思うのです。

普段は多用に紛れ、貴重な命をいただいてこの世に生かされていることの自覚が足りないものだから、春と秋の年二回、お盆も加えて、せめて年に三回は、ご先祖様に感謝をしようということですから、できることなら毎日でもいいのです。

一般のお寺では、お彼岸になるとご用が増えるようですが、檀家のない鏑射寺では普段よりも静かな境内になります。ゆっくりと拝むことが出来ます。

お大師様は、「般若は、よくこの二世間を護り、災いを払い、福を招くゆえに、護国と名づく」と『仁王経開題《にんのうきょうかいだい》』に記しておられます。

二世間とは、生き物の有情世間と、自然界の器世間です。しっかり『般若心経』を読み込み、功徳が溢れだせば、大きな力になり、自然も共鳴しだすのではないでしょうか。

お彼岸の月ですから、個人のことはしばし忘れて、大きく国のこと、世界の平和ということを観想して、『般若心経』を一巻でも多く、大自然に捧げるようなつもりで拝んでみるのも大切なことだと思います。

お経を読む

お参りくださいまして、有難うございました。何度も申し上げておりますが、「助法は主法に勝る」と言います。皆様方の祈る力が一点に集中された時、真ん中で修法をしているものは、その行き先の舵だけをとればよいわけですから、気持ちよく一点に集中することが出来ます。本当に気持ちよく拝ませていただきました。

今日は午後から「理趣経加行《りしゅきょうけぎょう》」を成満された方々を対象に、「理趣経の読み方」をご一緒に勉強することになっております。「本気で理趣経を読もう」という方々ばかりですので、お昼からもまた、この素晴らしい空間に身を置けるのかと思うと、わくわくして来ます。

もちろん、「理趣経の読み方を習いに来たが、今の読み方でよいのなら、もう分かった」

とおっしゃる方は、お昼から残っていただくことはありません。今の、仏様に包まれている感じ、自分の声と他の皆様方の声が全く溶け合って一つになっている感じ、まさにこの雰囲気を思い出して、理趣経読誦に励んでいただければよいのです。仏様と、ご自分と、自然と、経文とが、一つに溶け合っているような状態であれば、それでよいのです。

先般、歌舞伎俳優の市川団十郎さんがお亡くなりになりました。「色は空　空は色との時なき世へ」という辞世の句を、パソコンに残されていたそうです。

整理されていた御子息の海老蔵さんが見つけられて、告別式の時に、「父は空や星を見るのが大好きでした」と前置きをされて、「いろはそら　そらはいろとの　時なき世へ」とお読みになられました。

その理解は決して間違いではないと思います。しかし、団十郎さんは自らのご病気を覚られた頃に、千巻の写経を発願なされ、毎日『般若心経』の写経を続けられていたことを、これは確かな筋よりお聞きしておりましたので、やはり、その思いを知れば、「色《しき》は空《くう》空は色との　時なき世へ」と素直に読み、意味を取らねばならぬのだろうと思います。

色《しき》とは、赤、黄、青などという色ではなく、「目に見える存在の全て」ということでしょうし、空《くう》は実体はないが、確かに存在があるもの、心ともいえるが、全て実態があって実体がないもの。自分の芸や体はここで消えるようであるが、この芸も、私の心も、後の者たちが必ず引き継いで、芸はその体を通して進化して後世に残っていくであろうし、私の思いも大きく進化増幅して後世に残っていくであろう。何の心配もなく「時なき世へ」、つまり仏の境地で死を迎えられることよ、ということだと思います。

むろん、歌舞伎や芸能を真剣に継承しておられる方、団十郎丈のことを本当に理解されておられる方は、もっと深い言葉と意味に解釈されることと思います。海老蔵さんも、『般若心経』などに触れる機会が来られた時に、お父様の偉大さがもう一段と身に沁みられるような、それが順送りということでもありましょうか。

「知っているか、知らずにいるのか」、また「自覚があるのか、自覚がないのか」、これは例えば、高校の数学の授業を小学生が聞くと、何が何だか分からない。中学生が聞くと、数学の授業であることはわかる。高校生が聞くと理解につながる。ところが、大学の数学専門の先生方がお聞きになると、間違えすら指摘できる。一つのことにも、そのレベルによって理解が変わるわけです。

しかし「理趣経を読む」ということにおいては、その立場に高い低いがあってはなりません。まず「理趣経を読む」第一条件が、「自身菩薩」をしっかりと自覚していること。

これが共通のことです。

かつてアインシュタイン博士が日本を訪問された時、仏教について知りたいということで、真宗大谷派の僧侶、近角常観《ちかずみじょうかん》先生と対談されたことがありました。その対談の中で、博士が、「仏さまとはどんなお方ですか」と尋ねられたそうです。

そこで近角先生は、姥捨て山にまつわる伝説を例にあげて説明をされました。姥捨て山のことは、皆さんよくご存知のことと思います。食糧事情の貧しかったその昔、日本のある地域では、一定の年齢に達した老人は口減らしのために山に捨てられるという風習がありました。

そんな悲しい風習の残っていた頃の話です。信濃の国の姥捨て山の麓に住むある若い農夫が、老いた母親を捨てに行くことになったのです。たとえ親思いの息子であっても村の掟に背くわけにはいきません。背けば、家族は村におれなくなります。若い農夫は、村の掟に従って母親を籠に乗せて姥捨て山へと向かっていったのです。

ところが、その道すがら背中に負われた母親が、しきりに山の木の枝を折っては道々に捨てていくのです。若者は、「ひょっとして母親は、山奥に捨てられる恐怖心に耐えかねて、この落とした枝をたどって、また家に帰ってくるつもりではないか」と疑ったのです。「気丈な母親でも、やはり最期は自分のことしか考えないのか」と、少し蔑むような思いでおりました。

どのくらい歩いたでしょうか。とうとう捨て場所と思しきところにやってきました。息子は母親を背中から降ろし、別れを告げて帰ろうとしました。その時、母親は息子の袖を掴《つか》まえていうのです。

「いよいよこれがおまえとの一生の別れじゃ。身体に気をつけるんだよ。随分山奥まで入ったから、お前が家に帰るのに道に迷って困るだろうと思って、来る道すがら小枝を落として目印にしておいたから、それを頼りに無事に家に帰るんだよ。そして立派に跡をついでおくれ」。そう言って、母親は息子に手を合わせたのです。

その母親の姿を見て若者は泣き崩れました。こちらが母親を捨てているのに、母はこちらをこんなに案じている。こんな母をどうして捨てられようかと、息子は思わず知らず、草むらに両手を着いて、「どうかこの籠に乗ってください。これから我が家にお連れして、お仕えいたします」と言って、再び母を背負って山を降りようとした。が、当然、母親は拒んで山に残りました。何と切ない話でしょうか。

ここまで話をされた近角先生は、日本には古くから次のような古歌が残っています。それは「奥山に枝折る栞《しおり》は誰がためぞ　親を捨てんと急ぐ子のため」という和歌です。そして、アインシュタイン博士に、「この母親の姿こそ、仏さまの姿であります」とおっしゃられたそうです。

そんな極限の状況にありながらも、母親は自分のことは一切顧みないで、ひたすら我が子が無事に家に帰れるかどうかだけを心配しているのです。母は、今まさに自分を捨てようとしている我が子を見捨てることが出来ないのです。自分を殺そうとしている者を、どこまでも生かそうとするのです。これが仏さまの心だというのです。

涙を湛えてこの話を聞いていたアインシュタイン博士は、「日本人がこのような温かい深い宗教を持っていることは、この上もない幸せなことです。日本に来て、こんな素晴らしい教えに出会えたことは、私にとって何ものにも勝ることでした」と語られたそうです。

この話の大事なところは、親心という真実なるものに出会うことによって、その息子が自らの不実さを知っていったというところにあると思います。とても良い話ですね。

一般的には、これが最高の仏のように感じられます。しかし真言宗では、この状態になっていることが出発点と位置付けています。なかなか難しいことですが、高いところに立って、しっかりと自身が菩薩であること、大自然と命を共有している自然の一部であることを自覚しなければなりません。本来、仏であることの自覚、これが真言宗の基本です。

ちょっと難しくなりましたが、嬉しく楽しく、『理趣経』を読誦したいと思います。

「いか・の・お・す・し」

秋のお彼岸を境に、日照時間がだんだん短くなり、日差しも柔らかくなって来ました。以前にもお話しましたが、お彼岸とは仏様の浄土ということ。つまり、「仏様と同じ浄土に人間として生んでいただいたという感謝を捧げる月」、「この体を繋いでくださった親や先祖すべてと一切衆生に感謝を捧げる期間」が、彼岸の時期と言えるのでしょう。

お大師様は『五部陀羅尼問答』の中で、「眞と妄と、本より同居す」と記されているように、眼《げん》・耳《に》・鼻《び》・舌《ぜっ》・身《しん》の五感、即ち目で見えること、聞こえること、臭いを感じること、味わうこと、肌で感じることなど、空気を吸うことも、お水を飲むことも、どなたかとお話をすることも、また、空気、季節を快適と感じられることなどの全ての現象を、自分の心の中で感じているわけで、「眞」と「妄」とどちらの心でそれを捉えているか、また感じるかによって、生きざまに大きな違いが出てくるというのです。

例えば、隣の騒音がどの程度不快に感じるか、という実験をあるマンションでしたところ、全く知らない人が立てる音と、よく知った人が立てる同じ音とでは、不快感が違ったそうです。好きな人が立てる雑音には、全くと言っていいぐらい不快な気持にはならないのだそうです。また、大好きな人が作ってくれた料理と、あまり好きでない人が作ってくれた料理にも、「美味しい」との思いに大きく差が出るようです。

お大師様は、「六道四生、みなこれ父母。蠕飛蠉動《ぜんひぜんどう》、誰か仏性なからん」とお記しのように、全ての存在は自分の父母と同体。小さな飛んでいる虫から細胞の一つにいたるまで、家族と同様、同じ命なのだと。心からそのように思いを至すことができれば、まさに彼岸に住まいする者ということが出来るのだと思います。

このように気候が穏やかな折は、自然に心も穏やかになります。自然と自分は一体なのだというお稽古をするには、もってこいの季節だと思います。

自然と人間は一体、ということをたびたび申しますが、先般、週刊誌で、霊長類学者の河合雅雄先生のこんな記事を読みました。

「近年、クマやサルや、イノシシが町に降りてきて被害をもたらすようになってきた。これは動物たちの反乱なのである」という書き出しで、あまりにも日本人は動物との付き合い方が下手過ぎる。江戸時代まで動物の肉を食べる習慣がなかったのが、その原因でないかと思っているが、森を管理する時に植物のことは考慮に入れるが、そこに住む動物のことはすっぽりと視野から抜け落ちている。事実、日本の大学に狩猟学を教えているところは一つもない、林野庁の職員にも植物のプロはいても、動物のプロがいないのが現実だ、ということを書いておられました。その中で、現代の科学の進歩による環境破壊とともに、内なる自然の破壊も大きく気にかかるとも。

その通りで、近年、科学技術の発展には目を見張るものがあります。医学の分野でも飛躍的な進歩を遂げ、人々の生活は快適に、より便利になり、物質的には満ち足りた生活を送ることができるようになっています。しかし、止まることを知らない人間の欲望が原動力となり、より先を求め、益々の利便性を求めて止みません。

しかしその半面、あらゆる化学薬品の異常散布や放射能漏れ、また医学においては臓器移植も始まり、いずれは体の一部、首のすげ替えまで出来るようになるとも言われています。人間が、自分が何者なのかさえ分からなくなるかもしれません。その他の全く予期できぬ悪影響により、地球環境の破壊は進み、動植物はもちろん、人類の滅亡すらも予測される事態となっています。

フランスの作曲家ポール・デュカスの代表作に、交響詩「魔法使いの弟子」があります。これはシリアの風刺作家ルキアノスの詩『嘘を好む人たち』に基づき、ゲーテがバラード『魔法使いの弟子』を書き、そのフランス語訳のために作曲されたものです。

その内容は、魔法使いの老師が、見習いの弟子に甕一杯に水を汲んでおくように命じて外出するのですが、弟子は命じられた水汲みの仕事に飽きて、箒に魔法をかけて自分の仕事の身代わりをさせるのです。やがて甕は水で一杯になりますが、弟子は魔法を止める呪文を習っていなかったことに気づきます。自分に箒の魔法を止める力がないことを知って、絶望のあまり鉈で箒を二つに割るのですが、魔法は解けず、それぞれの箒の部分が水汲みを続けて、かえって早く甕の水が溢れ返ってしまいます。もはや洪水のような勢いに手のつけようがなくなった時、老師が戻ってきて魔法を解き、急場を救って弟子を叱り付ける、というものです。

環境破壊については、レイチェル・カーソンの『沈黙の春』にも詳しく書いてあります。DDTや農薬の散布によって、一定の植物は育つが、水や土が汚染され、動物の生態に異常をきたす。その結果、果樹の花は咲くが、花粉を交配させる蜂や小動物がいなくなり、鳥さえも囀らない沈黙の春がやってくる、というのです。

近年、宗教者のみならず科学者さえもが、こういった話を「現代の科学技術と人間との関係」に例えて、大自然との調和を無視した一方的な科学技術の進歩、発展に警鐘を鳴らしています。これからの環境問題は、決して科学の力だけでは解決には向かわないのでしょう。

『理趣経』には、十七清浄句を挙げ、大欲は清浄なること、すなわち煩悩即菩提心が説かれています。

煩悩や目先の少欲を早く大欲に変えて、正しい人類の進むべき道を示さなければなりません。この教えに縁ある者、行ずる者が率先して声を上げ、祈りを捧げる機会を増やしていかねばならないのではないでしょうか。

密教の即身成仏思想とは、「この身このまま、この世において成仏する」という教えです。即身成仏とは、己の天命を悟り、今世において精一杯自分の魂を輝かすことをいいます。

弘法大師が、「仏法遥かにあらず、心中にして即ち近し」と説かれているように、己が心の中に仏様は存在するのです。だから、自らの心の中にお堂をつくり、仏様に住んでいただくことが大切なのです。

そのためには三密行《さんみつぎょう》といい、身体に仏の御心にかなった間違いのない働きを、言葉においても真実の言葉を、己が心も真実の仏心と、日々、仏様を念じて精進することが大切なのです。礼拝行や難しいお経を読誦するといった僧侶と同じ修行をする必要はありません。日常の生活の中で三密行を正しく行っていれば、自ずと悟りへの道は開け、自らの心を知ることが出来るようになり、清らかな心を通じて仏と一体になった生活が出来るようになります。

心の置きどころを常に仏様に向けて、ものごとを真っ直ぐに捉えられる五感を養うことが大切です。そして、その五感をフルに回転させましょう。まず、言葉に表す訓練をする。すると第六感が開ける。そこまで来ると、見方が変わります。第六感は直感。言葉に出せば勢いがつきます。その勢いに押されて、魔は避けます。綺麗なところにはゴミは捨てにくいが、汚いところにゴミが集まる、人もまた同じであると思うのです。まず、気づいた者が、祈りと行動を起こせば、必ずたくさんの賛同者が現れて、真っ当な科学の発展にも繋がるのだと思っております。

身内の話で恐縮ですが、過日、小学校一年生の娘の担任の先生から電話をいただきました。家内が電話口で頭を下げ、「申し訳ありません」としきりに許しを請うています。電話の後、わけを聞きますと、道徳の時間に、「お父さん、お母さんが留守の時に、あなたの知らないおじさんが訪ねてきました。その時、あなたはどうしますか」との質問に、娘は「上がって待ってもらいます」と答えたのだそうです。それについて、家庭内での安全教育の徹底を指摘されたのでした。

学校では、「いか・の・お・す・し」ということを生活の規範とするように指導しているとのことです。知らない人に声をかけられた場合、「いか」は「行かない」。「の」は「乗らない」。「お」は「大きな声で」、「す」は「直ぐに」、「し」は「知らせる」。

確かに今のご時世、誘拐、連れ去り、付きまとい、また、わけなく刃物を振り回したり、突然殴りかかったり、そんな事例が後を絶ちません。学校が最善を尽くして子供たちを守ってくださろうという教育方針であることは、有難く、十分に理解できます。

とはいえ、幼いころから「調和」ということを否定しかねない、そういうような教育は、将来にどのような影響を及ぼすのでしょうか。仏様に向いた素直な心、ものごとを真っすぐに見ることのできる「五感」を養うことは、家庭教育にゆだねられているのでしょうか。

私は、叱られてしょんぼりしている娘を、しっかりと抱きしめました。

感謝ということ

朝晩は秋の風、秋の香りが感じられるようになりました。虫の声にも涼しさを感じますし、柿の実も膨らみ始めています。どんなに異常気象と言われていても、すべてのバランスを崩すことなく調和の中で黙々と自分の役割を進めていく。たかが虫一匹、柿の木一本、と言われますが、命の本質、生き様のお手本が、かくもたくさんあることに、もっと謙虚に気づき、見習わなければならないと感じています。

先般、当山公龍会主催で毎年行われております、「黎明仏教文化講座」を開講しました。今年は叶匠寿庵《かのうしょうじゅあん》会長の芝田清邦先生に、「おいでていただく、アリガタキ」という演題でご講演をいただきました。

たくさんの実例とともに深いお教えがありました。その数々のお話の根底にあるものについて、お大師様の『性霊集《しょうりょうしゅう》』を引かれました。次の一文です。

「夫れ境《きょう》は心に随って変ず　心垢《けが》るるときは即ち境濁る　心は境を逐《お》って移る　境閑《しずか》なるときは則ち心朗らかなり　心境《しんきょう》冥会《みょうえ》して道徳玄《はるか》に存す」

そして「心静かなるときは、境静かなり、と言いますが、環境、自然そのものの静けさの本質と、私の心とが調和すれば、思惟も深めることができる。謙虚に、謙虚に、なにごとにも感謝して歩を進めることが、縁をつなぎ、縁を広め、自らを高めることにつながっています」と話されました。

昨日、境内のお掃除に来てくださったある方が、「芝田先生のお話を伺って、草一本を抜くのもはばかられます」と言っておられました。

思い出したのですが、寺に帰ってきました二十五年ほど前に、仕事と言えば境内の掃除ばかりでした。春は「小僧いじめ」の重たい落ち葉が散り、秋は秋で、とめどもなく落ちてくる葉っぱと格闘しておりました。

春先に、二メートルばかりある紅葉の枝が虫に食われて落ちていました。その先の葉は枯れておりましたが、まだ枝先にくっついていました。その時、気がついたのです。幹や枝が枯れてしまうと、先の葉は落ちることもできない。生きているからこそ、枝から葉を落とすことが出来ることを。

それからは、葉っぱに愛おしさを覚えるようになりました。生きて、枯れ葉を落としてくれるからこそ、私の仕事があることにも気づきました。以来、ずいぶん心が楽になり、嬉しく掃除をすることができるようになりました。

お経には、「願生《がんしょう》し来たれり」とあります。生まれ出た者とは、親を選び、時を選び、自らの意思によってここに生まれ出たのだ、と記されています。人間がそうであるならば、草木もそうであるはずです。ならば、喜んで枯れてもらうことも出来るのではないのでしょうか。

草を引き、境内を清浄に保つことも行の一つならば、やむを得ず抜く草木にも感謝の念を懸け、「ご真言を唱えながら抜くこと」で、バランスを取りたいと思うようになりました。

この前は、「行動は習慣を作り、習慣は人格を作り、人格は運命を作る」というお話しをいたしました。幸せに暮らしていると思っておられる方でも、困ったことや、少々の心配事は抱えておられます。それは、全体の一割にも満たないのでしょうが、口を衝いて出てくるのはその一割の不幸に対する愚痴ばかり、という方がいらっしゃるのではありませんか。口に出すことによって、その意識が知らず知らずの間に体に刻まれ、習慣となり、愚痴っぽい性格が形成されてしまう。その結果、ひがみっぽい一生を送るようになってしまうということになれば、まことに惜しいことだと思います。

町内のある方に宝くじが当たった。途端にその人についてのひがみと悪口のオンパレードになる。同業他社がヒット商品を当てた。ただ羨ましく誹謗、中傷を陰で言うような暮らし、嵩じては、妬みにより「潰れてしまえ」と恨みに変わる。そんな性格がよいのでしょうか。それよりは、良いことを見習い研究し、共に発展するように切磋琢磨し合えば、大きく後生が変わってくるのです。

難しいことですね、他人の幸せを心底喜ぶことは。しかし、これも修行、大切な修行なのです。同じ水を飲んでも乳牛は栄養たっぷりのミルクになりますが、毒蛇が飲めばその水は毒に変わります。もちろん、それぞれの体の構造によって変化するものですが、人間は見たこと、聞いたこと、感じたこと、五感で感じたことの全てを、心の置きよう一つによって、毒にでも薬にでも、自在に変化させることができる能力を備えているのです。

行動の基本は考えることですが、何よりも口に出す言葉によって、体はその方向に動きます。この暑さを、本当に「ありがたい」、と思うのは難しいことですが、心から喜びあうことのできる習慣をつけていきたいものです。

昔、領民には慈悲深く、神仏をよく拝む、名君といわれる大名がありましたが、狩りがよほど好きと見えて、殺生を繰り返していたそうです。それを案じた家臣が、「どうしてあれほどまでに信仰心あつく慈悲深いお殿様が、なぜこれほどまでに殺生を繰り返されるのか。どうぞ殺生をおやめください」と申し上げたそうです。

すると殿様は、大きな釜にお湯を煮え滾《たぎ》らせて、小刀を投げ入れ、その家臣にあの小刀を素手で取るように命じました。すると家臣は、「とても熱くて素手で取ることはできませぬ」と答えたところ、殿様はそのお湯の中に水をたくさん入れ、ぬるくなったところで取り出して、「私は領主であるから、何があっても領民を守らなければならない、殺生が大きな罪であることは解っているが、大きな使命のためには、狩りはどうしても必要なのだ、だからこの罪を少しでも和らげるために信仰し、功徳を積むことに一層力を入れねばならぬのだ」と言われたそうです。

真言宗の『仏前勤行次第』の最初には、「懺《さん》悔《げ》文《もん》」が載せられています。

「我《が》昔《しゃく》所《しょ》造《ぞう》諸《しょ》悪《あく》業《ごう》　皆《かい》由《ゆ》無《む》始《し》貪《とん》瞋《じん》痴《ち》　従《じゅう》身《しん》語《ご》意《い》之《し》所《しょ》生《しょう》　一《いっ》切《さい》我《が》今《こん》皆《かい》懺《さん》悔《げ》」

この偈文は『華厳経』の普賢行願本の一節です。つまり普賢菩薩が衆生救済の誓願を述べられたものです。

掃除をしない部屋はいつの間にか埃がうず高く積ってしまう。小さな罪も無意識のうちに積もっていって、その人を悟りや信仰から遠ざけてしまう。懺悔とは、心を清浄にする行為です。

鉄斎の書の中にも、「吐き散じれば閑極まるなり」というのがあります。心に溜った垢、罪を思い切って体と心から吐き出すことができれば、心は静寂の極みに至るということでしょう。

仏教もキリスト教も、世界中の大抵の宗教は、懺悔から始まっています。今までに犯してきた罪を、完全に洗い出し、自覚し、悔いること。仏教はその懺悔を芯として、燃料として、善業に励むことを説いているのです。

「懺悔は罪そのものを消し去るものではなく、罪の償いには、善行をもってしなければならない」。願い願って生まれてきたこの体ある間に、少しでも善いことをいたしましょう。この暑さで吹き出す汗とともに、心垢を洗い流そうではありませんか。そして心を清浄にし、静寂の極みにおいて、彼岸の月を迎えたいと思います。

全てが繋がっている

秋も深まってまいりました。小さい頃から、食欲の秋ということをよく聞かされているからかもしれませんが、たくさんの実りが目に付く季節でもあります。

昨日、新聞で「電圧ショック、きのこすくすく」、という見出しが載っていました。高圧電流をかけることによって、きのこにショックを与え、生育を活性化させる。名づけて「かみなりきのこ」と言うのだそうです。

岩手大学の電気電子工学科の実験なのですが、ヒントは、「雷の落ちた近くには昔からキノコが良く生える」との言い伝えからだそうで、キノコのホダ木に五万から十万ボルトの電流を一万分の一秒かけると、過去三年間の実験では、収穫量が普段の一・三倍から二・二倍に増えたというものです。

メカニズムはまだ解明されてはいないそうですが、この電流のショックにより、キノコが生命の危機を感じて子孫を残すために、一生懸命に生育している可能性がある、ということではないかと考えられているようです。

実際、この寺でも十数年前ですが、客殿の建立に当たって入り口付近の孟宗竹を百本以上切りました。一緒にお手伝いくださった方も今日、大勢来ておられますが、十一月の末頃にその作業が終り、一月始め、うっすらと雪化粧の中から二本の孟宗竹が生えてきたことがあり、皆で驚いたことを思い出します。キノコにしても竹にしても、人間が直接彼らと話が出来ないものですから、意識がないように感じてしまいがちですが、ちゃんと意識も考える能力もあるのでしょう。

孟宗竹《もうそうちく》は、中国の孟宗という名前の人から取られているのです。その由来は、孟宗さんのお母さんが大病をされた。もう命が長くないと宣告されたので、お母さんに「何か食べたいものはありますか」と尋ねると、「筍が食べたい」との答え。真冬の時節に筍などが生えているはずもないのですが、親孝行の孟宗さんは、お母さんに食べてもらいたい一心で一生懸命祈りながら何日も竹藪を捜し歩いていたところ、雪の中から一本の筍が顔を出しているのを見付けたのです。

そこから親孝行の孟宗さんの名前をとって、孟宗竹というのだそうですが、これは孟宗さんのお母さんに対する思いを、竹が充分感じ取ったのだと思います。同じ生き物としての情を感じたからこそ、それこそ竹同士で話し合ったのかもしれません。「明日、孟宗君がこのあたりを筍を探して通るだろうから、君、そこに一本無理してでも生えさせて、取らせてやってくれたまえ」と。

通じるのですね。だからこそ人間の手で環境を破壊していくと、自然の側が大きな台風や大水などの災害を発生して、警告しているのでしょうし、右に向けられた体を左へ振って調節しようとする働きなどを起こすわけです。科学の発達が決して悪いのではないのですが、ちょうど収支のバランスのように、無理をして無理を重ねていくのではなく、調和ということを大切に考えなければならないと思います。

キノコもショックを感じると、全身を使っていのちを活性化させようとする。ショックがなければ、普通に生えて普通に終るわけです。人も同じで、「自分の持っている能力を引き出す」という訓練をしない限り、能力は出てきにくいのです。

どんな仕事でも繰り返し技を磨くことによって初めて、どこが悪いかということに気がつくわけで、だからこそ改良のアイデアが湧き、さらに良いものの工夫に繋がるのですが、やったことのない人は、どこが悪いか解らないわけです。どこが悪いかすら解らないから、現状で過ごしてしまうことになる。

先だって、父親をなくされた五十過ぎの女性が訪ねて来られまして、「遺骨の前に座った時などはもちろん、思い出すたびに涙があふれて仕方がない、ずっと叱られているようで、いや、きっと叱っているのだと思います。元気を出して明るくしていなければいけないとは解っていても、ずっと叱られているようで、ただ涙が出てしまいます」と言われました。

そこで、「叱られることに心当たりはあるのですか」とお尋ねしたら、「たくさんあります」とのこと。心当たりがあるのなら、しめたもので、涙が出るたびに一つ一つに許しを請うほどに懺悔すればよい。その上で自分が悪くて叱られていたことが本当に分かれば、二度と繰り返さぬようにして、重荷を全部下ろして、糧に換えてしまえばいいのです。それが成長に繋がります。

以前お話をしましたが、悪いことと知りつつ泥棒をする人と、悪いとは知らずにする人とでは、どちらが救われるか。悪いことと知らずに悪事を続けると止めることがありませんが、「悪いことだ」と心のどこかに悔いる思いが少しでもあれば、何らかのきっかけで、「キノコに電流」のようなものがあれば、必ず軌道修正がかかります。

とくに仏教圏であれば、「本来、自分たちは仏」という考え方が沁みこんでいるはずですから、気がつけば早い。ただ、この「本来仏」ということを忘れている人が多いので困りますが。

ただし、そのきっかけはたくさんあります。とくに、悲しいことや辛いことがきっかけになることが多いように思います。しかし、「重々帝網《じゅうじゅうたいもう》」、全てが繋がっていることの意識を高めてさえいれば、楽しいことや嬉しいことの中にこそ、「キノコに電流」がたくさんあるようになるでしょう。

気候の良い間、食欲の旺盛な間、心と体が楽しい時にこそ、自らに電流を流してみようと思っております。

同体同悲の心

インフルエンザ騒動も一息ついたようで、いったい何があったのかという感じがいたします。その期間中に、通いで介護施設に行っておられる方々も、通所できなくなっていたようで、ご家族の方がお仕事に行けない。それで、「お寺で母を預かってはいただけないでしょうか」などというお電話もいただきました。

あらゆるところで、あらゆる事態が起こった二週間だったのではないでしょうか。生きている限り誰もが年を取るのです。体は思い通りにならなくなります。物忘れもするでしょうし、周囲の足手まといになることだってあるでしょう。認知症ともなればさらに大変です。でも、寝たきりの方でも、皆から慕われている方もおられます。

以前、私の恩師が老人病院に入院なさったので、お見舞いに伺ったことがあります。ですが、お見舞いに行ったはずなのに褒められて、励まされて、嬉しくなって帰ってきたことがありました。「虚しく往きて満ちて帰る」という、お大師様のお言葉を実感したことでした。お亡くなりになられましたが、あの時、先生の生気を全部いただいてしまったのではないだろうかと思ったほどです。ですから、お体は亡くなられても、折に触れて頭の中、心の中には、常に先生がいらっしゃいます。

先生のように、寝ていても慕われる存在になるにはどうしたらよいのか。

「愚においては毒と成り、智においては薬となる。……かるがゆえに、よく迷い、よく悟るという」と、お大師様は『声字実相義《しょうじじっそうぎ》』の中に記しておられます。

「ご飯を食べて、空気を吸って、お水を飲んで」という、この生きるための最低限度のことでも、当たり前のことと気づきもせぬままにいるのか。はたまた、少しでも有難いと感じて過ごすのか。気づきながらの何気ないその所作が、大いなる心の薬として身に付けることが出来るわけです。

前にも触れましたが、「眞と妄と、本より同居す」(『五部陀羅尼問答』)とも記されているように、一つの現象も、食べることも、空気を吸うことも、お水を飲むことも、景色を見ることも、どなたかとお話をすることも、この身に起こりうる全てのことが、自分の心の中で感じるわけで、眞と妄と、どちらの心でそれを感じるかによって、大きな違いが出てくるのだと思います。

私たちの心の中には、真心と妄心とが共に同居していて、今、どちらの心が主体となって働いているのか。よくよく見極めてみて、妄念による行動であったら、心から懺悔して、眞心に帰ったらよい。

また、どうしても係わっていかなければならない人が妄念によって動いていると、心を平らにして見た上で判断した時は、こちらは妄念を持って対処するのではなく、中道を持って接することに心掛ければよい。妄念に心を据える時間を少なくして、眞心に心を据える時間を長く取る訓練が大切なのだと思うのです。


看病について、何新聞だったかは思い出せませんが、四月の終わり頃、投書欄に面白い記事がありました。お義母さんが入院していたので、おはぎを作って、ご主人にお見舞いに持って行ってもらった。ところがご主人が、「このおはぎは、妹が来て作ってくれた」と言ってお母さんに食べさせたところ、「おいしい、おいしい」と喜んで食べてくれたそうです。帰ってきたご主人は、「おかあさんはたいそう喜んで食べてくれた」とだけ報告したので、幸せな気分でいたそうです。

その数日後、ご自分で見舞に行った時、お義母さんがおはぎがおいしかったことをしきりに褒めるので、謙遜していたら、「何だ、あんたが作ったのか、道理で甘すぎると思った」と言って、横を向いてものも言わなくなったそうです。

帰ってからご主人にそのことを伝えると、「実は悪いとは思いつつ、妹の作ったものだと言って、母を喜ばせたのだ」と白状した。作り手次第で、味まで変わるのですね。公平に見ることができず、感情で味をつけてしまう。家中の安らぎは遠いかもしれません。

また、昔、癌の末期のご主人を看病なさっておられる方とお話をしたことがあります。「主人の苦しむ姿を、これ以上見ているのは、辛くてたまりません。こんなことをいうのは不謹慎ですが、主人も一度はよくなって家に帰ることができたし、孫の顔も見ることができたし、もう私の心の中では充分なんです。幸せは味わったと思うんです。ですから……」と言われました。よほど思いあまってのお言葉だと思いました。しかしこんな時、どう答えたらいいのでしょうか。心を眞心の方に置いていただけたなら、と思います。

仏教的な考え方では、「病気になって苦しい思いをするのは、果たすべきその人の業《ごう》によるものだ」ということです。何度もお話していますが、命は今生だけで途切れるものではなく、永遠に繋がっているものです。ですから、できることならば、来生に持ち越さずに今生で浄化しておく必要がある。それで、必然的に病気や痛みとして現れてきているというわけなのです。

そのことをしっかりと受け止めて浄化に努める。ご主人と共に、その浄化のお手伝いをさせてもらっていると思うと同時に、この苦しみをわがこととして捉える「同体同悲」の意味を十分に銘じて、これも自分の果たすべき業だと思いながら看病してください、と申し上げました。

「慈悲」を簡単に言いますと、「慈」は「安楽をもたらすこと（与楽）」であり、「悲」は「苦しみを除くこと（抜苦）」です。ですから、自他ともに苦しい時こそ、自らの心の位置が把握できる時です。病気をすることによって、健康の有難さ、家族の絆を感じることも出来れば、支えあう、慈しみあう、それが身に沁みた時に、病気が治ることもたくさんあります。

ですから、「看病に疲れて、もうたまりません」などと言わずに、自分の業を果たすことだと思って看病していただければ、いかがでしょうか。看病される方も、わが業をこの世で浄めようと心得ることです。

業とは、有情・衆生、すなわち生きとし生ける者一切の行為を表す言葉であり、知ると知らざるとにかかわらず、この世で果たすべきことなのでしょう。そう納得すれば、辛い出来事でも案外前向きに、嬉しく果たせるのではありませんか。それは大切なことだと思います。

「仏法遙かにあらず」

昨日、大学時代の友人が十年ぶりに訪ねてくれました。出張の帰りなのだそうで、肩書きは営業部長、部下一人をともなっての来山です。お互い同士見合って、「成長したなあ」が第一声、楽しく懐かしく二時間ほどを過ごしました。

お参りをしたいというので、本堂、護摩堂と案内していた時のこと。護摩堂に座って、「どうして拝む時は手を合わすんだろう」と質問されましたので、とっさに「手を合わせている時は怒鳴ろうなんて思わないだろう」と答えると、「そうか、そうだよなあ、有難う、有難う」とえらく感激して拝み始めました。「続きがあるのにな」と思いましたが、彼の姿に続きは必要ないと感じました。

「それ仏法遙かにあらず、心中にして即ち近し」(『般若心経秘鍵《ひけん》』)

「自分の心の中には仏様が必ずおられる。ただ気づかぬままに過ごしているだけであるが、仏として生きる道は遠いところにあるのではない。心をめぐらしさえすれば、自分自身が仏であることに気づく」。

弘法大師の著作の一節です。心の置きどころによって、発心《ほっしん》もしやすくなるということでしょうか。気づきの大切さを知りました。

先月から今月にかけての最大関心事といえば、ミャンマーのサイクロンと、中国四川省の大地震に尽きると思われます。このようなことがありますと、いろんな方からいろんな質問をいただきます。

「この地震をどのようにお考えですか」、「援助隊を入れないミャンマーや中国の態度をどのようにお考えですか」、「お寺としての義捐金はどの程度なさるおつもりですか、また、どのように集められますか」などなど。なかには、少々ピントはずれと思われるような質問もあります。結局、事象を客観視しているつもりで、所詮、他人《ひと》ごとということなのでしょうか。

お釈迦様の出家のきっかけとなったお話に、「四門出遊《しもんしゅつゆう》」があります。何不自由なく暮らしておられたお釈迦様が太子の頃のことです。一人のお供を連れて、東西南北それぞれの門から、城外に散策に出かけられたのです。

東の門から出られた時には、歯が抜け落ち腰の曲がった老人が杖をたよりに歩く、哀れな姿をご覧になりました。その枯れ木のような老人の姿に、老いの苦しみを痛感なさったのです。

またある日、南の門から出られた時には、病人を見られて、「人はいずれの時であれ病むのであろう」という病苦の現実を深く実感されました。

そして、西の門を出られた時は、葬式の行列に遇われました。「人は必ず死んでゆかねばならない。いずれ私もあのように見送られるのだ」と感じられました。

最後に北門から出られた時に、出家した僧侶をご覧になり、生老病死をことごとく「主観」で捉えられて、出家への道を歩まれたということです。

「主観」とは、主の観。対象について認識・行為・評価などを行う心を一所に置き、しっかりと眺め観じること。「客観」とは、特定の関心や認識作用を越えた一般的なもので、お客様のようにあちこちといろんな角度から物を見ること。まことに大雑把ですけれど、このように分類できるのではないでしょうか。

拝む者が考え、実際に祈らなければならぬことは、この世での業《ごう》を果たして死んでいかれた方のこと。何日も瓦礫の下で苦しみ、恐怖と戦い、そして死に至った方の胸中は、察するにあまりあることですが、自分ならばという「主観」で、業の果たし方ということをじっくりと考えて、祈ることしか出来ないように思います。

橋本凝胤《ぎょういん》先生のご著書の中に、「いろいろと悩みや相談を受けるが、私の答えは、それはあんたの業ですから、しっかり受け止めて果たしなさい、としか言わぬ」という一文があったように覚えています。

業によって起こったものは、その業を自覚しなければ解決に向かいません。初めてこれを読んだ時は、「なんと冷たい和尚さんだ」と思いましたが、今は「なるほどその通り」と素直に感じています。

「四苦・八苦」を確実に経験し、遂には、わが身が衰え始めると焦りを強く感じますが、それを素直に受け止め、生きていくことが肝心です。

人生観の原理は、ヨーロッパ哲学の憎悪・闘争を主流としたものと、和合・調和を主流とした仏教思想のものと、大きく二つに分けることが出来るようです。

大昔から、猛獣や、また隣の部族からの襲撃から身を守るためには、戦わなければなりませんでした。現在でも、軍備のない国はないほど、武器と武器、力と力の対立という構図があります。また、暴力のともなわない競争といっても、運動競技、入学試験から始まって、政治、経済に至るまで数え上げると際限ないほど、争いの原理で世界が動いていると言っても過言ではありません。

この争いの原理も、一面では、励みでもあり、娯楽でもあり、文化の進歩発展にも役立つものであることを、否定するものではありませんが、それは往々にして行き過ぎて、暴力・破壊・殺人へと繋がり、社会の大いなる破滅を招く危険な要素でもあります。事実、現代社会においては、毎日のようにそういった現象を映像や言語で見聞きします。

和合・調和の原理は、智慧と慈悲、生命尊重の理想世界の原理でもあり、密厳浄土の具現の要でもあります。大自然との和合・調和、そして心を仏様に置いた「主観」が、常に発動できるように精進したいものです。

Ⅲ

曼荼羅の中に住して

爽やかに生きる

先日、子供の夏休み自由研究の手伝いをしました。「鏑射寺の虫たち」という題材で、「境内にいる生き物を写真で撮る」という簡単なものなのですが、普段、掃除や、護摩木割り、草引きなどをしている時はたくさん目にして、時には邪魔なほど身近にいる虫たちですが、探してみるとなかなか目に止まらないものなのですね。蚊や、蜂、蝉、虻、百足なども直ぐに見つかると思って、子供を連れて歩きまわりましたが、「声はすれども姿は見えず」で、見つけることすら難しい。

私たちの日常も、よく似ていると感じました。必要な時に必要なものがない、頼りにしたい時に頼りにしていた人がいない。いかに日常、不注意に送っているのかを痛感しました。

ひと月前には、暑さばかりが身に堪えていましたが、このところ、ようやく朝晩は凌ぎやすくなってきました。厳しさから解放されると、「心も体も穏やかになってくる」と思われがちですが、順応しきれない場合は、かえって我儘になることがありますので、こんな時こそ、心と体のバランスに注意して過ごさなければなりません。

只今、皆様方の助法を得てお護摩を焚かせていただきました。『理趣経』、『般若心経』を一緒に読誦、お供えをいただいたわけですが、お経を読んでいただくことは、「大きな説法」であり、「功徳を普く一切に及ぼして」いただいたのですから、目には見えませんが、この瞬間は功徳が充満しているのです。

この雰囲気、「目に見えていなくても確かに清々しい」という雰囲気を、波紋のようにどこまで広げていけるかということが、密教に縁のある方々の生き方であろうと思っています。

先般、結婚式場に勤務している若者と話をしたのですが、嬉しいことの傍らに身をおいていれば、その場所の風を浴びているので、心楽しい日々が送れる、とのことでした。悲しみ、苦しみの同感も大切だと仏教では教えていますが、出来得れば、心楽しいところに身を置けるようになりたいものですね。

それでは、どうすればそのような場所にたくさん身を置くことが出来るのか。それは、自分の徳分を高める、内在している自分の能力を引き出す以外にないわけです。

そのための最も早い方法として、お大師様は『般若心経秘鍵《ひけん》』の中で、

「文殊の利剣は諸戯《しょけ》を絶つ、覚母《かくも》の梵文《ぼんもん》は調御《じょうご》の師なり、チク・マンの真言を種字《しゅじ》とす、諸教を含蔵せる陀羅尼なり、無辺の生死何《しょうじいか》んが能《よ》く断つ、唯禅那正思惟《ただぜんなしょうしゅい》のみあってす」

とお説きのように、正しい思いの中で、静かな禅定に入ることであるのです。難しいようですが、「曼荼羅の中に自分がいます」ということを、しっかり自覚することなんだろうと思います。

曼荼羅の「曼荼」は「(仏様と)本質を同じくしたもの」ということで、「羅」はその集合体という意味です。

毎日の暮らしの中で、「禅定にいる」時間を持つことは容易ではありませんが、ここにお集りの皆様は、毎日、『真言宗仏前勤行次第』を基に、お家の仏壇の前でお勤めをしておられる方ばかりでしょうから、そこで今日は、時間は短くても実のあるお勤めの仕方、「仏前」での勤行ではなく「仏身」として、曼荼羅の中に住し、光を放ちながらのお勤め

の仕方、心の持ち方の一方法を、お話したいと思います。

「仏身」として――『仏前勤行次第』に沿いつつ

皆さまが毎日、お仏壇の前に座って読誦されるのが、この『鏑射寺仏前勤行次第』です。合掌礼拝、懺悔の文から始まり廻向文まで二十四頁、時間にしてわずか十分ほどのものですが、この中には「即身成仏」、「菩提心の発露」という密教の実践が凝縮されているように思います。

まず、懺悔文《さんげもん》です。

「我昔所造諸悪業《がしゃくしょぞうしょあくごう》　皆由無始貪瞋痴《かいゆむしとんじんち》　従身語意之所生《じゅうしんごいししょしょう》　一切我今皆懺悔《いっさいがこんかいさんげ》」

「無始よりこのかた　貪瞋痴の煩悩にまつわれて　身と口と意《こころ》とに造るところの　もろもろの　つみとがを　みな悉く懺悔したてまつる」とお唱えします。仏教の基本はまず懺悔をするところから始まります。

釈尊のご遺言に、「懺恥の服は諸の荘厳において最も第一となす」とありますように、自分の犯した罪を知って、恥かしいと思う心を持つことが出来れば、どんな装いよりも美しい。その心で仏様の御前に坐した時、お花や灯り、香などのお供え物よりも、自分自身の恥じ入る心こそが第一のお供えとなる、ということだと思います。

また、「懺悔」というと、今までの過去を捨て去った「真っ新《まさら》な自分になる」というふうに考えられがちですが、決して過去を捨て去ったものではないのです。

この世に人として生まれてくるには、地球が出来てから五十六億七千万年間の遺伝子が詰まっていますし、その間の因と縁、つまり「因縁」によって今現在を生かされているわけです。「因縁」という言葉を聞くと、悪いことばかりを思い出されるのでしょうが、良きも悪しきも清濁合せた、ありとあらゆる因と縁をいただいて、今、私たちは生かされているのです。

その上で、現世に生まれてきてからのそれぞれの年齢に上乗せした、その経験と知識によって現在があるわけです。「生まれ変わった」という時、なぜかこれら全てをゼロにして、生まれ変わったと思われる方が多いのですが、そうではなく、それらを十分に含んだ上で、心に整理がついた上での生まれ変わりなのだ、と感じていただきたい。

「自分は罪が深くて、とても一度で懺悔などできるはずがない」と思われている方もあるでしょうが、お釈迦様は、「三年着続けた垢（罪）まみれの服も、少しの灰と水が一桶ほどあればきれいになるし、車五百台分の薪（罪）を燃え尽きさせるのにも、大量の火種は要らない。小さな火種があれば済む」とお説きです。その火種も水も、全て自分の中にあることが自覚できれば、速やかに心は入れ替わるはずだというわけです。

歳をとると「記憶力が薄れる」とか、「物忘れが激しい」とおっしゃる方々がおられますが、安心してください。脳科学者である、東京大学の池谷裕二先生のご研究で、「子供は経験が少ない。よって覚えていなければならない事象の数が少ない。だから直ぐに記憶の引き出しが開いて、取り出すことが出来る。しかし六十年、七十年、八十年と生きている間には、覚えておかなければならない情報量が膨大になり、記憶の引き出しが混乱しているだけのことである」と実証されたようです。「年を取ったから忘れた」ということではなく、記憶の中には必ず蓄積されているのですが、すぐに取り出せない状況にあるだけだというわけです。

「生まれ変わって再出発」というのは、「今までに蓄積してきたが、混乱し詰め込まれている情報を引き出しにきちんと整理を付けて、直ぐに取り出すことが出来る素直な能力が身に付いた」ということ。これが懺悔なのだろうと考えています。

心に整理がつくと、清々しい気持ちで、「三帰文《さんきもん》」です。

「弟子某甲《でしむこう》　尽未来際《じんみらいさい》　帰依仏《きえぶつ》　帰依法《きえほう》　帰依僧《きえそう》」

「この身今生より　未来際を尽くすまで　深く三宝に帰依したてまつる」

弟子とは仏弟子のこと。某甲は「それがし」、つまり仏道実践を志した私たち。今、勤行次第を手にしている皆さま一人一人、ということです。

「弟子某甲　尽未来際……」とお唱えする時、口では「でしむこう　じんみらいさい……」と発しますが、心の中では「弟子○○（ご自分の名前）　尽未来際……」と、しっかり感じながらお唱えください。

「未来際を尽くすまで」ということは、一般的には「自身即仏を自覚して、衆生済度の実践行に励めるようになるまでの永い間」ということでしょうが、それはかなり難しいことです。そこで、「この世に生を受けている間」と感じていただいてもよいと思います。

「帰依仏」、仏様に帰依して自分の仏性を早く顕現したい、と感じること。

「帰依法」、仏様の説かれた御教えを早く吾が身に付けたい、と感じること。

「帰依僧」、仏様の説かれた尊い御教えを広める実践行をしたい、と感じること。

ここで「帰依僧」は、仏様の説かれた教えを広げる実践行をしている僧侶を指すように思われるかもしれませんが、今、仏前勤行次第を読誦しているあなた自身のことです。

「今、この経本を手にした私は、今生尽きるまでの間に即身成仏し、仏として衆生済度の実践行に励みたいと願います」ということです。仏・法・僧の三宝に憧れ、その教えを実践したいと願い、決意した瞬間ともいえます。

大きな憧れを心に抱いた後は「三竟文《さんきょうもん》」です。

「弟子《でし》某甲《むこう》　尽未来際《じんみらいさい》　帰依仏竟《きえぶっきょう》　帰依法竟《きえほうきょう》　帰依僧竟《きえそうきょう》」

「この身今生より　未来際を尽くすまで　ひたすら三宝に帰依したてまつり　とこしなえにかわることなからん」

「三竟文」には、「三帰文」に「竟」の字が付いただけです。何気なく読み進めてしまいますが、仏前勤行次第の醍醐味はここにあります。この「竟」の意味は「既に◯◯し了《おわ》った」ということです。

「弟子某甲　尽未来際」の思いは、前述の通りです。

「帰依仏竟」、仏様に帰依し了わり、自身即仏を体得いたしました。

「帰依法竟」、仏様の教えを心に刻み込み了わりました。

「帰依僧竟」、自身仏として仏様の教えを広め、衆生済度の実践行を始めます。

という高らかな「自身は菩薩である」ことの宣言です。

「凡夫の領域を脱し、菩薩であることを自覚いたしました。この上は衆生済度、密厳国土《みつごんこくど》の具現のため、利他の行に励みます」ということです。

仏前勤行次第を読み進めていく中で、「三帰文」までは凡夫が仏様の教えに憧れている心の状態。自身と仏様はあくまでも別体で、仏前にて勤行をしているわけですが、「三竟文」以降は、「自身菩薩」を自覚しての勤行。つまり「仏中（仏心）勤行次第」としてのお勤めとなり、菩薩としてお説法をしていることになります。

さて、ここからの「十善戒《じゅうぜんかい》」が、仏前ではなく「仏中勤行」になるわけです。

「弟子某甲《でしむこう》　尽未来際《じんみらいさい》　不殺生《ふせっしょう》　不偸盗《ふちゅうとう》　不邪淫《ふじゃいん》　不妄語《ふもうご》　不綺語《ふきご》　不悪口《ふあっく》　不両舌《ふりょうぜつ》
不慳貪《ふけんどん》　不瞋恚《ふしんに》　不邪見《ふじゃけん》」

ここでは戒律の捉え方をしっかりと認識することに始まります。「十善戒」という簡単に思えることですが、一般の方は、人間として生きていく以上、この戒律を守ろうと努力しなければいけないという捉え方をなさることでしょう。しかし、密教に縁があって、「帰依仏境」とお唱えになったとたん、それはもう菩薩の位ですから、凡夫を離れて、菩薩の境地で、それをお唱えする。

それができるようになると、今度はさらに上、仏様と同じ曼荼羅の中にいる者として、「私は本来が十善の教えそのものなんだ」という自覚が出来るようなお勤めをすればよいのだと思います。

「不殺生」は、生き物の命をみだらに絶つことをしないということが一般的ですが、「不殺生」のなかには「相手の立場を殺す」「言葉を殺す」といった、少し踏み込んだことも心しなければなりません。

以下、不偸盗・不邪淫も同じです。その次の四つは、口に関する「不妄語・不綺語・不悪口・不両舌」ですが、私たちは言葉によって考え、言葉によって行動します。口から発せられた言葉は、間違いなく自分自身を作っていくものですから、生きていく上で、良き徳分を積み増すための戒めであることを受け止めながら、読み進めることが肝要です。

「不慳貪・不瞋恚・不邪見」は、物惜しみせずに、極力腹を立てることを控え、よこしまな考えをおこさないようにする。「心を安定させ、いつも仏様のようにありましょう」ということの自覚です。

「十善戒」はあくまでも「十の善戒」です。「人としての生き方」を説き示されたものです。決して「十戒」ではありません。「十戒」と言えば「モーゼの十戒」が頭に浮かびます。これは「神様との契約」であり、守らなければ少なからず罰則が加えられたようですが、仏教の「十善戒」は、人（菩薩）としての道を歩むために、遵守することを常に心がけようという「努力目標」です。破ったからと言って決して罰則はありません。守れなかった時は謙虚に反省し、心を新たに精進すればよいのです。

続いて、「発菩提心真言《ほつぼだいしんしんごん》」です。

「オン　ボウジ　シッタ　ボダハダヤミ」

「白浄の信心を発《おこ》して　無上の菩提を求む　願わくば自他もろともに　仏の道を悟りて生死の海を渡り　すみやかに解脱の彼岸に至らん」と、高野山の仏前勤行次第には解説されています。

仏前勤行次第を何気なく読み進めてきた場合、ここで初めて、菩提心を起こすことになりますが、「三竟文」以降、「仏中勤行」として菩薩の自覚をもって読み進められた方は、ここで改めて、「菩薩としての菩提心を堅固に自覚する」ということです。

上座部仏教（小乗仏教）と大乗仏教の違いは、実践の基盤となる心である「菩提心を有しているか、否か」ということです。上座部仏教は、修行の目指すべき到達点は空の境地に達すること、涅槃寂静の境地に安住することを目的としていますが、大乗仏教ではその位に到達した後（「仏中勤行次第」を手にした時、すでに仏身）、さらなる菩提心を起こし、衆生済度に努めることが説かれています。

次は「三昧耶戒《さんまやかい》」です。

「オン　サンマヤ　サトバン」

「我は三摩耶なり、として自分が仏様と同体であることを、しっかりと認識する」

「オン」は仏様に帰依します。「サンマヤ」は本来不二平等。「サト」は発心した衆生。「バン」は大日如来そのものです。私たちが現実の世界で覚りを得ることができる、「凡聖不二」といいますか、仏様と一体になって修行できる、ということだと思います。すなわち、「自身仏性を信じ、目覚めさせる」、「我即大日」。お大師様の言葉を借りれば、「如実《にょじつ》知自心《ちじしん》」ということです。

ここまでは拝む前の身づくろいです。真言行者が修する最初の行に『十八道念誦頸次第』があります。普礼、塗香《ずこう》、護身法と続くわけですが、普礼から護身法までの部分をわかりやすくかみ砕いて、平易に在家信者にも修することが出来るように考え出されたものが、この「在家勤行次第」であろうと思います。

ですから、ここまでを「仏中勤行次第」と自覚して至心に修すれば、出家者と同等のお勤めが出来ると確信しています。

その上で、「開経偈《かいきょうげ》」を味わいます。

「無上甚深微妙法《むじょうじんじんみみょうほう》　百千万劫難遭遇《ひゃくせんまんごうなんそうぐう》　我今見聞得受持《がこんけんもんとくじゅじ》　願解如来真実義《がんげにょらいしんじつぎ》」

「無上甚深微妙の法は　百千万劫にも遭い遇うことかたし　われいま見聞し受持することを得たり　願くば如来の真実義を解したてまつらん」

人間として生れ出でたことの奇跡。そして、いま因縁熟して、この無上最勝の法門に出会えた。目の前に説かれている尊い教法を信じて至心に修すれば、必ず大悟徹底して覚りに至り、菩薩としての生きざまが出来る。その喜びを素直に表した偈文です。経本を手にした喜びを清々しく読み上げていただきたい一文です。

いよいよ『般若心経』を読誦いたしましょう。

「般若心経は仏教の精要　密蔵の肝心なり　このゆえに　受持講供すれば苦を抜き楽を与え　修習思惟すれば　道を得　通を起す　まことにこれ世間の闇夜を照らす明燈にして生死の海を渡す船筏なり　深く鑽仰《さんごう》し　至心に読誦したてまつる」

仏教経典の要ともいえるこの『般若心経』を読誦することのできる縁に恵まれたことに感謝し、自身菩薩を感じながら読誦、書写、講義することによって、縁あるもの全てを安楽に導くことが出来る力が備わり、また自分自身は、目指すべき目標が眼前に現れ、進むべき道が示される。

この力のある経典を読誦する時には、くれぐれも注意しなければならないことがあります。これは師父から聞いた話です。

韓国の海印寺の小僧さん達が松の実を取りに出かけた時、ある小僧さんが誤って松の木から転落し、亡くなってしまいました。魂が抜けた時、空腹であることに気付き自分の家まで走って帰りつくと、母親や姉が餓鬼が来たと怖がって物を投げつけたそうです。悲しみのあまり家を飛び出し、そこから地獄、餓鬼、畜生、修羅道などを経験し、やっとの思いでお寺に帰り着くと、お寺では葬式が行われていました。

誰の葬儀か確認のため、皆が経文を読誦している間を通り、前の方に進んでいくと、親友が一人「銀杏《いちょう》のお椀、銀杏のお椀……」と口ずさんでいたそうです。お棺をのぞき込むとまさに自分の亡骸が横たわっていた。と、その瞬間息を吹き返したのだそうです。

後日、「銀杏のお椀」と唱えていた親友に、「なぜお経を読まずに、銀杏のお椀と言っていたのかと尋ねると、「自分は一生懸命お経を読んでいた。だけど親友の君が亡くなってあまりにも悲しかったので、君の使っていた銀杏のお椀を形見にもらおうと考えていた」との答えだったそうです。

力のある経文を読誦する際、一般的には経文が耳に入りますが、魂の世界では経文読誦の力によって、その時考えている事象、観想、頭の中で考えていることが素直に通じてしまう、ということでしょう。

口ではお経を読んでいても、頭で他のことを考えていては、かえって罪を作ってしまうことにもなりかねません。あくまでも三密（身・口・意）の一致があってこその「仏中勤行」なのです。

経典読誦の際、心得ておくべき点が、あと数点あります。まず第一に、皆様方は『般若心経』を覚えるほどに読み込まれておられることでしょうが、どんな経典でも決して暗唱せずに必ず読誦してください。お経は、お釈迦様や大日如来様のお言葉です。一言一句間違うことはできません。

「見破る」という言葉があります。「人の悪事を見破った」というように、悪いことで使われる場合が多いようですが、「経本を読み破るほど読誦し、その真意を理解した」という「読み破った」が語源とされています。ゆえにお経は、「唱える」ではなく、「読誦する」といいます。

次に、数人で読誦する場合、調和がとれた読経の声でなければなりません。隣でお経を読まれている方は、お釈迦様（仏様）そのものです。前後で読まれている方も、またお釈迦様です。お説法の輪の中で自らも仏様としてお説法をしているのです。大勢でお経を読誦する場合、「七割は耳で読む」と教えられました。周囲と調和を取るためです。しっかりと周囲のお説法をわが身に取り入れて、溌溂と読みます。調和がとれたお経の声は、少し離れたところでは笑い声のように聞こえるはずです。

お経は、清々しい場所で、喜びに溢れて説かれています。ですから、どんな時も笑顔で、笑い声のように気持ちよく喜劇の台本を読むが如くに読経することが肝要です。近頃は、お葬式や法事でしか、お経を聞く機会がない方が多いようです。ほとんどの場合、悲しい場面です。そんな時は読み手の和尚さんも、低く暗い、さし声が多いように感じますが、これでは本当の功徳が回らないのではないでしょうか。

菩薩と凡夫の違いは、なにごとにでも「調和がとれているか否か」ということだと考えています。短い時間で結構です。長々拝んで魔が入るよりは、短く、集中して、その時だけでも曼荼羅世界の中にいることを自覚する時間を持てればよいのだと思います。

次に「諸真言《しょしんごん》」をお唱えします。

「真言」は、サンスクリット語のマントラの訳語で、「(仏の)真実の言葉、秘密の言葉」という意です。

一般的には十三仏真言をお唱えなさる方が多いようですが、仏壇にお祀りなさっている仏様、ご自身にご縁のある仏様、好きな仏様のご真言を、回数に関係なく、納得いくまで誦してください。

たくさんのご真言がありますが、大きく分けると、「オン」で始まるか、「ノウマク」またば「ノウボウ」で始まる場合です。「オン」は金剛部(智慧の仏様)、「ノウマク」または「ノウボウ」は胎蔵部（慈悲の仏様）である場合がほとんどです。父親のような仏様か、母親のような仏様かと感じていただくと、親しみも沸くのではないかと思います。

「オン」も「ノウマク」「ノウボウ」も、意味はほとんど同じです。「帰命」「帰依する」、または「南無」と訳されます。「帰依します」「一体になりたい」といった感じでしょうか。

ご真言のほとんどは梵語で書かれており、そのまま読誦されますので、親しみにくいようですが、そうではないのです。阿弥陀様を例にとりますと、

「オン　アミリタ　テイセイ　カラウン」

「不滅の威光ありて、救済を垂れ給う尊に帰依し奉る。摂取して悟道に導き入れ給え」

（『真言宗在家勤行講義』）

和風に直しますと、「南無阿弥陀仏」となりますから、要約すれば「あみださま！」という叫び声なのだと感じています。お不動様のご真言は長いですが、突き詰めれば「おふどうさま！」に行きつきます。

「南無大師遍照金剛」のご宝号も、「南無」は前述の通りで、「大師」は、お大師様そのもの、「遍照金剛」は、お大師様が恵果和尚から賜ったお名前（戒名）です。つまり「おだいしさま！」という訴えかけです。全ての仏様の真言に共通していると思います。

小さな子供が必死で、お父さん、お母さんと呼ぶ時のような気持で、お唱えしてみては

いかがでしょうか。ただし、お子様をお持ちの方は、子供が甘えて呼んでいるのか、緊急事態で呼んでいるのか、お判りになると思います。これと同じで、心ここにあらずのご真言は、まさに「空念仏」になってしまいます。

お大師様は真言について、「真言は不思議なり　観誦すれば無明を除く　一字に千理を含み　即身に法如を證す」（『般若心経秘鍵《ひけん》』）と記しておられるように、仏様をしっかりと感じてお唱えすることの大切さを説いておられます。空念仏にはご注意ください。

次は諸仏諸菩薩の総呪とも言われている「光明真言《こうみょうしんごん》」です。

「オン　アボキャ　ベイロシャノウ　マカボダラマニ　ハンドマ　ジンバラ　ハラバリタヤ　ウン」

坂田光全先生は、「自証化他の二利の徳を満足して一切の人々を菩薩の大道に引き入れて、空しからざる光明遍照の大印あるものよ。現在・未来の二世にわたり、福寿意の如くなり、大安楽を得ることをしめす如来宝珠と、一切の罪障を消滅して浄土に生じ、仏性の心蓮を開発することを象徴す蓮華と、衆生の無明を除き有縁の浄土に引入することを象徴する光明の徳あるものよ。転迷開悟して凡聖不二神通自在の境地に転入せしめ、地獄を破して浄土となすものよ。ウン」（『真言宗在家勤行講義』）と読み解かれています。

そのように、心を込めて「自身菩薩を自覚して」唱えれば、わずか二、三遍であっても、あらゆる過去の罪障を取り除くことが可能であり、供養の折には亡者の罪障を悉く消滅させ、成仏に導くことが出来る、という意です。

どのような仏様、いかなる場面の供養・祈願、増益などでも、「五智」すなわち「法界体性智・大円鏡智・平等性智・妙観察智・成所作智」の光明に包まれながら、その光を祈る対象に注ぎ込むことを思いながら、お唱えすることが大切です。

最後は今回の勤行の集大成である「回向文《えこうぶん》」です。

「願以此功徳《がんにしくどく》　普及於一切《ふぎゅうおいっさい》　我等与衆生《がとうよしゅじょう》　皆共成仏道《かいぐじょうぶつどう》」

「願わくば　この功徳をもって　普く一切に及ぼし　我らと衆生と　皆共に仏道を成ぜんことを」

「願わくばこの功徳をもって」とは、どのような功徳なのでしょうか。もちろん、今ご自身が修された「仏前勤行」の功徳です。が、それと共に、今までの自分の中にあるさまざまな功徳、生き様までも含めてのことです。功徳には、「清」の功徳と、「濁」の功徳があるといわれています。

先ほども申しましたが、人間は清濁合せた因縁によってこの世に生を受けたように、勤行の最中に、頭の中には清濁の思いが現れることもあります。経典読誦の最中に、「足が痛い、もう早く終わらないかな」とか、また「あの人は好きだが、この人は嫌い」などと考えていると、それは全て「濁」の功徳として「普く一切に及ぼし」てしまうこともあります。

先ほども申しましたが、長々拝んで魔が入るよりは、短く、集中して、その時だけでも曼荼羅世界の中にいることを自覚する時間を持って、より多く「清」の功徳を廻向したいものです。

「仏前勤行」ではなく、「仏中勤行」が出来れば、清々しく「我等与衆生《がとうよしゅじょう》　皆共成仏道《かいぐじょうぶつどう》」と密厳国土《みつごんこくど》具現《ぐげん》への、素晴らしい時間を過ごすことが出来るでしょう。

護摩修法とは

先ほどは、例祭の護摩を無事に修法させていただきました。このお護摩の修法は、元々インドの賓客をお招きする作法に似ていまして、まずは護摩壇の壇上を荘厳して、仏様にお迎えの車を差し向けます。お越しいただくと、手足を洗っていただき、お香の香りを差し上げ、音楽を聞いていただいて、お食事、お供物を差し上げる。そして、お口を注いでいただき、車でお送りする、という一連のお作法なのですが、そのための基本は、「三平等観」が、しっかりできることです。つまり行者と、本尊様と、炉とが一つになって相対して、物事の成就に向かうということです。

そこに、衆生心といいますか、皆様方のように一心にご助法くださる方の祈りが加わることにより、密度や速度が増してきます、普通列車がジェット機ほどの速度にもなりうるわけで、「助法は主法に勝る」と言われるゆえんだと思います。

室町初期の大和猿楽座の猿楽師で、父の観阿弥と共に猿楽（能）を大成した世阿弥の書には、「しかれば当流に万能の一徳の一句あり。初心忘するべからず。この句三ヶ条の口伝あり、ぜひとも初心忘するべからず。時々の初心忘するべからず。老後の初心忘るべからず。この三、よくよく口伝すべし」と書かれています。

この「初心」とは、始めたころの気持ちや志と思われますが、実は「芸の未熟さ」つまり「初心の頃のみっともなさ」ということなのだそうです。

私がお護摩を焚き始めた当初は、本尊様をお迎えし、一心にこちらの願いごとを致しておりました。しかし、今思えば、「何という未熟、何という無作法」と冷や汗が出ます。初心者の頃のみっともなさ、未熟さを折にふれて思い出すことにより、「あのみじめな状態には戻りたくない」と思うことで、さらに精進できるのだ、と世阿弥は説いています。

これには続きがあります。「時々の初心を忘るべからず」、若き日の未熟な状態から抜け出した後、年盛りから老後に至るまでの各段階で、年相応の芸を学んだ初めての境地を覚えておくことにより、幅広い芸が可能になると説いています。そして最後に「老後の初心を忘るべからず」と。老後にさえ、ふさわしい芸を学ぶ初心があり、それを忘れずに限りない芸の向上を目指すべしということでしょう。

今日は特に高野山におりました時、大変お世話になった先輩方もお参りくださいました。緊張ということも、初心を忘れずにいることが出来る機会になるのだと思います。

一日のわずか十五分ほどの「仏前勤行」ですが、どうぞ「仏中勤行」として、少しの緊張と、時々の初心を忘れずに、お続けくださることを願っております。

いのち、清々しく

教育——人は人によって人となる

昭和五十五年卒業、第六十三回生の中村公昭でございます。

本日は、三田《さんだ》学園同窓会大沢《おおぞう》支部の皆様にお目にかかり、お話をさせていただく機会をいただきまして、まことに有難うございます。

今日のきっかけは、今年の二月四日、同級生の北浦幸一さんから、朝七時半に電話をいただいたことに始まります。私たちのような暮らしをしておりますと、旧暦をもとにしたいろいろな行事がございまして、二月四日は立春、年の初めの大切な一日です。

しかも一月二十八日から二月三日の節分までの一週間は、「星祭り」と言いまして、来る年の当たり星にお供養し、全ての方の身体健全を祈る行事がございます。その期間中は寺に籠って護摩を焚き、祈る日々を過ごしております。その行事を無事に終えました翌日のことでありました。

立春を迎えて朝一番のお勤めを済ませ、寺務所に戻ったとたんにベルが鳴りました。まさに新年最初の電話です。それが北浦さんからのご依頼の電話でした。こんなに縁起のいいお話は、とてもお断りすることなど出来ません。それで、本日は喜んで参上させていただきました。

その折、今日の会のことを伺いました。お集りになられる方は大沢にお住まいの三田学園の卒業生で、今の大沢の中心人物ばかりであること、老いから若きまで数も多く、とても活気のある集まりであるとも伺いました。それならば私たちも今年五十二歳、同窓生としては中堅どころであろうから先輩風の一つも吹かせられるのだろうか、などと大笑いをしながら電話を切りました。ところが今、お顔ぶれを拝見しておりますと、私が一番下のように感じられて、話の段取りが少々狂っているところでございます。先輩方、どうぞお手柔らかにお願い申し上げます。

まず、私の三田学園時代の思い出は、入学直後、中学本館前での朝礼時に、渡瀬先生の

「連帯責任、全員正座！」の号令から始まります。その上、必ず「黙想」付きです。中学の朝礼のたびに毎回、と感じるほどの正座、黙想でした。さすが質実剛健、文武両道の教育を旨とする学校でありました。学園時代の思い出のいずれの場面においても、先生と生徒は、えも言われぬ連帯感があったように思います。上下関係はあっても、協調と調和がそこにはありました。

「人は人によって本当の人になる」のであって、決して一人で生きているのではないという、集団行動の基本、人間としての基本を、徹底して教えていただいたように思います。

小学、中学、そして高等学校の教育は、人生を左右するほど大切です。学校で教えを受けた先生の一言によって一生が決まることもあります。もちろん、家庭内での教育は、基本中の基本でありますが、人生の基本、我が国の行く末は、学校教育によって大きく変わるといっても過言ではないでしょう。そういった意味においても、百余年の歴史を持つ中高一貫の男子校の良さを存分に味わい、謳歌した日々であったと感謝しています。

昨年、その学校教育の大切さを痛切に再確認させられた出来事がございました。平成二十三年三月十一日に、東北を大震災が襲いまして、その直後、さらにその後においても、多くの宗教団体が慰霊のために東北地方を訪れました。その中に宝塚仏教会もありました。その折りのお話です。たくさんの犠牲者を出された岩手県のある街で、簡易な祭壇を築き、お祈りの準備を始めていた時、地元の五十代とおぼしき方との雑談の中で、「兵庫県の宝塚から来た」ということを伝えたとたん、「宝塚の和尚さんには拝んでもらいたくない」と顔色を変えておっしゃったのだそうです。

不審に思いわけを聞きますと、「昔、坂上田村麻呂が、同じ日本人であるにもかかわらず、東北征伐と称してたくさんの東北人を殺めた歴史がある。その田村麻呂の出身地が大阪の宝塚だと教科書で教わった。だから、そういう因縁のある土地の人たちの末裔には拝んでもらいたくない」というものだったそうです。

その場をどのように収められたかはお聞きしていませんが、それにしても、およそ千三百年も前の出来事ですから、皆さん唖然とされたそうです。そして後日談ですが、宝塚に住んでいる自分たちも、坂上田村麻呂が宝塚出身とは知らなかった、ということで調べられたところ、坂上田村麻呂の出身地は、大阪の貝塚だったそうで、「貝と宝ではえらい違いじゃ」というところで、落ちが付いたのだそうです。

貝塚の方には申し訳ないようなことですが、この話をお聞きして、やはり小さい頃、「学校」という場所で、「教科書」というものを使って、「先生」という影響力のある方に習ったことは、頭の奥にまで叩き込まれ、心に刻まれて、成長過程の全ての基礎となって影響を及ぼすものなのだ、ということを改めて知りました。

トルコの人は、日本人が大好きです。日本人を見たら、「トーゴー」、「ノギ」と言って傍らに寄って来るそうです。それはトルコが、日露戦争以前に何度もロシアから攻められていたのが、日露戦争で日本が勝利したことによって救われたと教科書に載っているからだそうです。日本でも、すでにその名を知らない世代が増えてきた、明治の頃の東郷平八郎元帥、乃木希典大将のことを、よく知っているのですね。

また、これも有名な話ですが、日本に派遣されたフリゲート艦の「エルトゥールル号」が、座礁、沈没した時、紀州串本の人たちが救援に駆け付けて、手厚く治療、看護し、日本国が、イスタンブールまで送り届けたということも、学校で教えているのだそうです。子供の頃に習ったことは、百三十年前の話でも今に伝えられ、人々の心に残り、日本人は素晴らしいと思ってくれているようです。日本が大好きだとも言ってくれます。

よいことを教科書で教えると、こういうことが起こるわけです。逆もまた真なり。一度教えられたこと、一度思い込んだことが、千三百年前の「坂上田村麻呂」であり、百三十年前の「フリゲート艦エルトゥールル号」ということになるわけです。

教育がいかに大切かという一例ですが、心して教育の環境を整え、さらに全ての学校が母校三田学園のようなところであれば、「敬われる国日本」が具現されるのではなかろうかと思っています。そのためには、卒業生の我々が、心して母校を見守り、よき校風を育て維持しなければならないと思います。

仏性――大いなるいのち

前置きが長くなりました。本日の話の依頼を、同級生の北浦さんから頂戴しました時、仮のテーマを、「仏教とは」にしてあるからと言われました。なんと壮大なテーマであることか、と少々怖気づきました。で、ここへ参りますまでに、いろいろと考えました。坊さんになっておよそ二十五年、「仏教とは」と問われて、即座にきちっと答えられないというのも困ったことだと反省すること頻りでした。こんなにストレートに難題をぶつけてくれるのも同級生の有難さと感謝した次第です。甚だ心もとないのではありますが、いただいたテーマを踏まえながら、話を進めさせていただきたいと思います。

今は桜の花がとても見事で、この「大沢《おおぞう》さくらの会」の名にふさわしい季節でございます。ちょうど、講演依頼をいただいた立春の日は、寒の名残が厳しい頃でした。私たちは、「寒い、寒い」と言い暮らしていたのですが、今、このように見事に咲き誇っている桜も、山奥にあって決して人目に触れることのない花々も、厳寒の季節に黙々と開花の準備を進めていたわけです。

花だけに限りません。大自然というものは、自らに与えられた環境、条件の中で、何一つ文句をいうわけでもなく、役割を精一杯、忠実に果たしていたのです。当たり前と言えば当たり前のことですが、人に見られる、評価される、などということは考えない。持って生まれたものを最大限に発揮しているわけです。

ところが、その草花や木々にも、ちゃんと意識があり、大いなる命があることを、弘法大師は述べておられます。

「毛鱗角冠《もうりんかくかん》　蹄履尾裙《ていりびくん》　有情非情《うじょうひじょう》　動物植物《どうぶつしょくぶつ》　同じく平等の仏性を鑑《かんが》みて、たちまちに不二の大衍《だいえん》を證せん」

このように『性霊集《しょうりょうしゅう》』第六に記しておられます。すなわち、毛のあるもの、鱗のあるもの、角のあるもの、とさかのあるもの、蹄や尾のあるもの、人間や動物など、心・感情・意識を持つもの、そして山川・草木・大地・石など、心を持たないもの、もちろん風も火も、すべての動物、全ての植物、全ての鉱物、この世の一切合切が、仏様と同じ命をいただいて共有し合っているというのです。

大宇宙に存在する全てが、私たちと同じ仏性を持っていて、大宇宙の全てが繫がっていて、お互いがお互いの一部である。このお言葉を思うたびに、しっかり生きねばと思います。

火をつければ焔は必ず下から上に昇り、水を流せば高い所から低い方へと流れます。これは自然の中においては、誰もが認める当たり前のことです。この当たり前のごとくに、「私たちは例外なく仏性を持っている」、「私は仏なんだ」ということを自覚して、この確認を何度も繰り返して、わが身に叩き込むこと。「我即大日」「自身即仏」「仏性の自覚」、これが仏道修行にとって最も重要なことであるというのです。

「巨石は重く沈み、蚊虻は短く飛ぶ。然りと雖《いえど》も、巨石舟を得つれば、深海を万里に過ぎ、蚊虻鳳に付きぬれば、高天を九空に翔《かけ》る。遇うと遇わざると、何ぞ其《そ》れ遥かなるや」

とも記しておられます。大きな石を池に投げ込めば必ず沈みます。蚊や虻は短い距離を飛ぶのが精一杯で、自力で北海道から九州まで飛んだなどという話は聞いたことがありません。しかし、必ず水に沈む大きな石であっても、大きな船に出会ってその船上にあれば、悠々と海を渡ることができる。また、小さな蚊や虻だって、鳳（羽を広げると太陽も隠れるといわれるほどの霊鳥）の耳の後ろに留まれば、これも悠々と世界中を旅することができるではないか。

この大きな船や鳳は、自分自身の中にはっきりと存在するのに、どうして自分の中身に気付かず、石や蚊や虻のような考え方や暮らし方をするのだろう。何とも惜しいことではないか。そのようなご文章をお大師様は残しておられるのです。

これは密教だけのことではなく、禅宗をはじめ、仏教全体に言えることでもあります。

中国、唐の時代の禅問答の中にこんな話があります。南嶽《なんがく》という禅僧の下に、馬祖《ばそ》という弟子がおりました。彼が坐禅をしていると、師匠が弟子に問うて曰く、

「何をしているのか」

「坐禅をしております」

「なぜ、坐禅をする」

「立派な仏になろうと思って、坐っているのです」

それを聞いた師は、瓦を拾ってきて磨き始めました。弟子はそれを見て不審に思い、

「お師匠様、何をしておられるのですか」

「この瓦を磨いて鏡にしようと思っている」

「お師匠様、瓦をいくら磨いても鏡にはなりません」

そこで師の南嶽は、にっこり笑って言われました。

「それが分かっていながら、どうして坐禅をして仏になろうと思うのか」

自分の中に仏様と同じ「仏性」があるからこそ、日常生活や修行によって磨き出されてくるのであって、持っていないものは、いくら磨いても出てこない。「自身即仏」の自覚なくして悟りはあり得ないということです。自信を持って「私は仏なのだ」と思える生活、

「仏性を自覚できる」暮らしを心がけることが、第一の課題であると思うのです。

行いと言葉と心と

そのための一つの方法は、手始めとして「言葉を大切にする」ことです。誰の言葉も「素直に聞く」「謙虚に聞く」ということを心がけてみると、「他人の言葉の大事さ」に気付く。少しでも気付くことができれば、自分の言葉の大事さに思いが至る。後は継続です。

仏教では、「発心・決心・相続心」、この三つを大切にします。まずは、「自身即仏の自覚を持とう」と発心し、実践を始める。後はそれを相続する。相続とは続けることです。簡単なようですが、これがなかなか難しい。三日坊主とはよく言ったもので、三日で終わる方は結構多いようですね。

続けるコツは、いつも目に付くところに、自分だけが分かる印や記号を書き留めておくことも一つの方法です。目にするたびに自覚を促すというわけです。出来れば自分を褒めて、励まして、ひたすらに続ける。そうしているうちに、いつの間にか優しい言葉、謙虚な言葉、真実の言葉が、口をついて出てくるのです。

その相続を、身と、口と、心をフルに使い、その三つを高い次元で一致させること。易しく言えば、「良いことを思い・良いことを言い、良いことをする」。それをひたすら続けているうちに、必ず周囲も自分も変わります。

お大師様は、「未だ学ばずして道を成じ、空を談じて就することを見ず」ともお記しです。優しく謙虚に自分を見つめ直し、自分の持っているものを確認する時を持つことは、とても大切です。例えば、自分で食事を作ると言っても、自分で作ったものは何一つない。ならば畑を耕して作物から作るとしても、自分のものは労力しかない。突き詰めれば、自分の体だって果たしてそれに耐え得るかどうか、怪しいものです。自分で作れるものは、心の状態しかないということです。

新学期が始まりました。このような時は心改まるものですから、今が「自心確認のしどき」でありましょう。そして、発心し、決心し、続けることです。続けているうちに周りもいつの間にか、優しい笑顔で、褒めて、励ましてくれるようになっていきます。

私は上田流の尺八を習っている関係上、長唄のお師匠さんともご縁があります。今年八十三歳になられた杵屋佐姫枝《きねやさきえ》先生は、長唄の全てを暗譜《あんぷ》しておられて、現代の名人と謳われているお方です。

先生は、褒めることによって、弟子の持てる能力をぐんぐんと引き出していく、という指導をしておられます。入門してきた人をまず褒める。褒めて、やる気を起こさせておられるのでしょう。

そこで、私はお尋ねしました。

「初めのうちは、なにを褒めるのですか」

「まず声を褒めるのよ」

「お世辞にも声がいいとは言えない人は、どう褒められますか」

「声が良すぎても、なかなか長唄が上手にならない。そんな時は節回しを褒めます」

「でも先生、節回しは難しいですよね。節回しも悪い人にはどのように褒められますか」

「拍子の良いことです」

「それも良くない人は」

と、私はなおも食い下がりました。すると先生は、

「正座の我慢を褒めます」

そこで私は言いました。

「まるで落語そのままですね」

そう申しますと、先生は、

「落語は、本当のことを言っているだけですよ」

と澄まして答えられました。

ここで皆さん、梅干を口に含んだと思ってください。どうでしょう。酸っぱく感じて唾が出てきませんか。実際には口の中に梅干しはない。しかし、酸っぱく感じる。このように、思っただけで、体が準備しているわけでしょう。ですから、良いことを思えば、良い行動がとれるのです。そして良い言葉が出てくるというわけです。

巷によくいらっしゃいます、「あの人は、口は悪いけど人は良い」などと言われている方をご存じありませんか。そういう人は、密教的には、「口の悪い人は、心も悪い人」ということになってしまいますね。ですから、常に「仏様ならば、どのようにおっしゃるだろうか」ということを念頭において、実践し、生活するのが、密教の生き方です。

今日は、同窓会というご縁で、この話を聞いていただけたのですから、どうぞ、家に帰られましたら、言いにくいかもしれませんが、「ただいま。留守番、有難う。今日はおかげで楽しかった」とおっしゃってみてください。たぶん、奥様はびっくりなさいます。「お父さんに何があったんやろう」ということになるかもしれませんが、「同窓会に行くと、いつもご機嫌で笑顔で帰ってくる。やっぱり三田学園は、すごい学校なのね」と再認識してもらえるようになると思います。

どうぞ、良いことを考え、良いことを口にして、良い行動をすることを、心がけてください。周囲が穏やかに、清々しくなり、今まで以上に楽しくなります。それが密教の生き方なのです。

「自浄其意」——心を清くする

先般、こんな新聞記事を読みました。埼玉のある中学校が、関西方面に修学旅行にきて、その帰りに利用した新幹線車内での話です。学校に帰るとすぐに一通の手紙が届いたのだそうです。それは、車内を掃除されたご婦人からのものでした。

内容は、「とても綺麗に掃除をしてくださっていました。シートは全て元に戻っている。背当ても元のように整えられている。ごみは一か所にまとめて置かれていた。何と行き届いた教育がなされていることかと、とても感心しました」というものです。

その手紙に接して、校長先生は、「常識の教育は、当然のこととして行っているが、それを評価されたことは、教師生活三十年の中で、一番うれしい」と言っておられました。生徒会長の女生徒は、「今回の修学旅行では、マナーを守ることを目標にしていました。それを皆で実行できたこと、それを評価していただけたことが嬉しい。思い出に残る素晴らしい修学旅行となりました」と語っていました。

いい話ですね。学校も生徒も立派です。けれど、これをあえて逆に言えば、当たり前のことを当たり前にしているだけで褒められるというのは、少々情けない世の中であるからだと思うのです。

こんな状況の中で今できること、それは、敬いあう心をもって感謝の言葉を周囲にかけることではないでしょうか。どうか皆さん、わが国の将来のためにも、優しい言葉、感謝の言葉を、周囲の方々にかける実践をしてください。布施をしてください。

「布施」といえば、お坊さんへの法礼と思われましょうが、元はと言えば、仏教の基本的な実践徳目、重要な修行なのです。「貪《むさぼ》りの心を離れて、人々に普《あまね》く施しをすること」です。施すものは財物と思われがちですが、もちろん、財物も大切ではありますけれど、実は、「優しい言葉、優しい心、優しい行い」という「心の施し」、「行為の施し」が大切なのです。仏教の修行をしているうちに、自分が高まるだけでなく、気が付けば周囲が清々しく、穏やかになるのです。

弘法大師は、師の恵果阿闍梨《けいかあじゃり》が遷化《せんげ》された時、千人以上の弟子を代表して書かれた碑文の中で、

「冒地の得難きにあらず、この法に遭うことの易からざる也」（『性霊集《しょうりょうしゅう》』第二）

と、悟ること以上に、有徳の師に会い、学風を高め、美風を身に付けることが第一だ、とさえ言っておられます。

さて、最後に、北浦さんからの宿題であります「仏教とは」、の答えですが、同じ質問をされた方が過去におられました。中国、中唐の詩人白楽天（白居易）、その人です。白楽天の住む村はずれの山中で、当時の高僧、道林禅師が瞑想の修行をしておられました。白楽天は、この機会に仏教の奥義を教えていただこうと、山中へ出かけて行きます。そして禅師に、「仏教とは」と問いますと、

「諸悪莫作《しょあくまくさ》　修善奉行《しゅぜんぶぎょう》　自浄其意《じじょうごい》　是諸仏教《ぜしょぶっきょう》」（『七仏通誡偈』）

「悪いことをするな、善いことをせよ」とお答えになられたのです。白楽天は「そんなことは、三歳の童子でも知っている」と言いましたところ、禅師は「三歳の童子でも知っているが、八十歳の老人でも出来ない」とお答えになられました。

「自浄其意」とは、自分の心を清くすることです。その後、白楽天の作る詩文は、いよいよ格調高く、気品に満ちてきたと言われております。

仏教の生き方、密教の生き方、その実践方法の一つをお話させていただきました。本日はお招きをいただきまして、まことに有難うございました。

（三田学園同窓会「大沢さくらの会」、於神戸フルーツフラワーパーク）

「地蔵流し」の祈り

お地蔵様をめぐって

本日は、地蔵流しの法要に参加をさせていただき有難うございます。また、このような立派な船での法要は初めての経験で、本当に気持ちよくお勤めすることが出来ました。美しい瀬戸内海の島々を見やりながら、波を切ってゆく船の上でのお話も初めてです。

皆さま方には一年に一度の地蔵流しと伺いましたので、今日のこの法要が当たり前のように思っておられるのでしょうが、私は、先ほどご紹介をいただきましたように、今年五十六歳になりまして、そのうちの四十九年間は、山奥の鏑射寺で住まいをしております。

神戸市北区と聞けば、あの港町神戸かとお思いでしょうが、神戸の奥座敷、有馬温泉から さらに北へ十キロほど入った山奥ですから、海とは全く縁のないところです。学生時代も海のない長野県におりまして、その後はもっと山奥の高野山に上がりましたので、海には憧れというか畏怖の念さえも抱いて居ります。

また、皆様とご縁の深い金剛寺の岸真弘僧正は、若い頃、鏑射寺で長く修行をなさっておられましたから、私たち兄弟は幼い頃には、手を引いてもらって幼稚園や小学校に通ったもので、お世話になった大好きな「お兄ちゃん」でありましたので、ここに寄せていただくことを小学生の遠足のような気持で楽しみにしておりました。

昨日の正午に寺を出て、およそ四時間の道のりでしたが、「早く行きたい」という気持ちが大きいものですから、車のアクセルをいくら踏んでもなかなか前に進まない。まだ姫路、まだ岡山か、というように、時間が大層長く感じられました。つい十日ほど前には、やはり二百五十キロほどの遠出がありましたが、いささか気分の乗らない用事でありましたのに、あっという間に現地に到着してしまいました。

世界共通のはずの「時間」が、心の持ち方、心の置きどころによって、自在に操ることが出来るということなのでしょう。皆さまも、そのような経験をお持ちだと思います。例えば六畳の間で、二メートルほど離れたところに大好きな人が座っていた場合、その六畳間が広く、椅子の距離は遠く感じられる、といったような経験を持たれたことはありませんか。「もう少しで手が繋げそうだから、ちょっとこっちにきてくれないかな」なんて思います。

しかし、その椅子に、どうも苦手だなという方が座っていた場合、「なぜこんな狭い部屋の、しかも何でこんな手が届くような近くに座るのだろう。もう少しあっちに行ってくれないかな」というような思いを持たれたことはありませんか。

それは、良きにつけ悪しきにつけ、「時間も空間も自分の心次第で自由に操ることが出来る能力を持ち合わせている」ということなのです。これをしっかりと自覚できて自在に操ることができれば、もう超能力者です。皆さんも、もちろん超能力者ということです。

本日は、このような思いで参上させていただきましたことを申し上げまして、金剛寺様はじめ、ご参列の皆様に心より御礼を申し上げます。

さて、先ほど数千体のお地蔵様を船の上から、ご真言を唱えつつ海中に安置させていただきました。「地蔵流し」と言いますので、「お地蔵様を海に流した」と思われがちですが、それは違います。小さな紙切れのお地蔵様のように見えますが、金剛寺様でしっかりお開眼をされていますので、一体一体がお地蔵様そのものなのです。手から離されると、足からすーっと海に入って行かれたように感じられた方が大勢おられたことでしょう。

お地蔵さまは、よく道の四つ辻におられ、また童話、童謡、和讃にもたくさん登場なされますので、知らない人はいないほど、私たちには親しみ深く身近な仏様です。

「地蔵」とは大地が堅固不壊なように、この尊の菩提心は堅固で、常に無間地獄にあって、ひるまず、傷つかず、一切衆生に代わって、衆苦を一身に受け止めてくださっています。その代受苦によって、さらに菩提心を成長させ、衆生の善根を増幅させ、悟りへと導いてくださる菩薩様です。

右の手に持たれた錫杖の六つの環は、六道、すなわち地獄・餓鬼・畜生・修羅・人・天を象徴して、輪廻の世界を脱することが出来るように、それぞれの世界の、それぞれの魂に潜んでいる菩提心を呼び覚まさせて、悟りの世界へ導くことが示されています。

坂田光全先生の著書の中にも、「『地蔵本願経』には、もし貧乏な人、家運衰微の人、家族ちりぢりになった人、安眠できない人、求めるものが得られない人、そのような人は、至心に地蔵菩薩を敬礼すれば、一切の悪事を皆消滅することができるし、またこの敬礼の功徳を法界に回施すれば、生死を超越して成仏できる」と記されています。

地蔵菩薩のご真言は、

「オン　カカカ　ビサンマエイ　ソワカ」

「一切の人々が喜ぶ所の不思議の妙宝をあめふらす地蔵菩薩に帰依したてまつる。成就あらしめよ」（坂田光全先生訳）

このご真言を聞けば「黒暗に堕せず」、と伝えられているほどで、それほどの救済をしてくださるのです。

この地蔵流しによって、海にまつわる全ての物故者にも、海中のあらゆる生物にも、お地蔵様は寄り添い、悟りへと導いてくださるということです。本日のこの盛大な地蔵流しで、私もそのお手伝いができましたことを、皆様と共に喜び、現世成仏への足掛かりとしたいと願っています。

弘法大師の十住心とは

さて、熱さ寒さも彼岸まで、と申しますが、先ほどの心地よい風に吹かれての地蔵流しでは、ほんとうに素直な気持ちで祈ることができました。皆様はいかがでしたか。暑い夏も過ぎて、心が安定してくることも、祈りを深める大きな要因なのでしょう。

お大師様は、「春の華、秋の菊、笑んで我に向かう。暁月朝風、情塵を洗う」と、『性霊集』第一にお記しです。

冬の寒さが一段落した頃、山の花が咲き誇る。夏の暑さが一段落した頃には、菊が咲きだす。どちらも私に向かって微笑んでいるように感じる。お彼岸のころ、暁の月に清められた朝の風に吹かれると、清浄無垢の清らかな心を味わうことが出来るということで、この時期は心にも何らかの余裕というか、穏やかになる時期であるように感じます。

また、お大師さまはこうも述べられています。

「夫れ境《きょう》は心に随《したが》って変ず　心垢《けが》るるときは則ち境濁《きょうにご》る　心は境を遂《お》って移る　境閑《きょうしず》かなるときは則ち心朗らかなり　心境《しんきょう》冥会《みょうえ》して道徳玄《はるか》に存す」（『性霊集』第二）

心の在り方と環境は、常に一体であるということを説かれています。荒れた環境が続けば私たちの心も荒れがちになりますが、その荒れた環境を穏やかな方向に導くことは、私たちの心の在りようにかかっている。すなわち私たち人間として生をうけている者にしかできないということでもあります。

お彼岸のこの時期は、「環境も心も安定している時」でもあります。普段の生活や一年を振り返って、じっくりと自心を正す最適の時期ともいえましょう。

そこで、ちょっと早いのですが、この一年を振り返ってみたいと思います。平成最後の年は、まさに列島激震の年でありました。ここ広島県の被害は並大抵のものではなく、この大崎上島も同様であったと伺っております。まずもって、心よりお見舞いを申し上げます。

年初には北陸地方を中心とした豪雪がありました。四月は、島根県西部地震、六月、大阪北部地震、そして七月には平成最悪の大水害、八月には、歴代最高気温を更新する猛暑、九月、平成最強レベルの台風が襲来し、続いて北海道では震度七の胆振東部地震が発生。先日は、台風二十四号が上陸しました。災害放送を連日聞いているような一年でした。

被災された方のインタビューも多く放送されていましたが、ほとんどの方に共通していたことは「自分のところだけは大丈夫」と思い込んでいたため、避難が遅れたり、備えを全くしていなかったということでした。

これは「正常性バイアス」といい、誰もが持っているものなのだそうです。何らかの異常事態が起きた時、「これは正常の範囲内だ」と思い込んで、平静を保とうとする心の働きのことです。「教訓は人の導き、体験は神仏の直伝」という言葉があります。直に被災された方、二次的、三次的に被災された方を含めますと、ほとんどの国民が該当するのではないでしょうか。

わが国だけではなく、世界中でも目を覆うばかりの大災害が続いています。「他人事ではない」ということを、「神仏より直伝」された年であったともいえるのではないでしょうか。「明日ありと思う心の仇桜　夜半に嵐の吹かぬものかは」と、親鸞聖人も詠まれましたが、まさに今、心して生かされている命の充実を図らなければなりません。お大師様も、「一切衆生を観るに、猶し己身及び四恩の如し」（『三昧耶戒序』）とお記しです。

この世に生あるものことごとくは、吾身もしくは父母兄弟であって、決して無縁の他人ではないのです。ともに支えあって、あたたかく生きていくためにも、「和顔愛語《わげんあいご》」の実践に積極的に心がけ、「護られるべくして護られる」災害のない密厳浄土の具現を目指すことが、真言宗に縁のあるものの真の姿と言えましょう。

気候の良い今、じっくりと今年の災害についても考えてみようと思いました。まず、お大師様は「災い」というものをどのようにとらえておられたのだろうかと思いまして、調べてみますと、『秘蔵宝鑰』の「第四住心」に、次のように記されておられます。

「災禍の起こりに略して三種あり、一には時運、二には天罰、三には業感なり」

『秘蔵宝鑰』は、人の心の成長段階を、「十住心」つまり、十の意識と心の状態とに分けて説かれたもので、『秘密曼荼羅十住心論』の要約ともいわれている、お大師様の代表的な著作です。少し難しいとは思いますが、第四住心が那辺にあるかを知っていただきたいので、「十住心」について簡単にお話いたします。

第一番目は「異生羝羊心《いしょうていようしん》」で、「凡夫狂酔して吾身を悟らず、ただ淫食を思うこと、まさに羝羊の如き状態」と言われ、これは無智で迷いに気付かず、性と食だけに執着する心、煩悩にまみれた心をいいます。

第二の「愚童持齊心《ぐどうじさいしん》」は、異生羝羊心を脱し、ようやく良い心を起して人の道を守るようになった状態で、節制あり礼儀をわきまえ、分かち合うことを覚え、良心が芽生え始めていることです。

第三番目の「嬰童無畏心《ようどうむいしん》」は、初めて宗教の教え、導きというものに触れて、赤子が母につきしたがって安心を覚えるように、宗教心が目覚め始めている状態をいいます。

そして、第四番目が「唯蘊無我心《ゆいうんむがしん》」で、「祈る世界は理解して手を合わすようにはなるが、まだまだ衆生の欲や損得を離れられず、悪いことも良いことも取り混ぜて行い、まだ真っ直ぐには信仰に向いていない状態」と説かれています。まさに今の日本の現状のように感じられるのですが、いかがでしょうか。これが第四住心です。

以前、『空海』という映画が上映されました。ご覧になった方もおられると思いますが、その中でお大師様が『十住心論』を僧たちに向かって説いておられる場面がありました。うろ覚えで恐縮ですが、おおよそ次のようなお言葉であったと思います。「人はどのようにして生きながら成仏するか。低きから高きに、浅きから深きに、心のさまざまな模様を描きながら変化するさまを記しているのだ」と。

現在の私たちの心の状態から、より高きに向ければ、次の第五住心に進むわけです。

第五住心は「抜業因種心《ばつごういんじゅしん》」といい、全てが因縁から生じることを体得して、迷いと無智を取り除いた状態です。

第六住心の「他縁大乗心《たえんだいじょうしん》」は、慈悲の心が生じた状態。

第七住心の「覚心不生心《かくしんふしょうしん》」は、一切は空であると分かっている状態。

第八住心の「一道無為心《いちどうむいしん》」は、現象はみな清浄であり、全てが真実であると知ること。

第九住心を「極無自性心《ごくむじしょうしん》」といい、全ての対立を超えて真実を見る状態。

第十住心が「秘密荘厳心」で、ここには、無限無量の曼荼羅の世界、真言密教の境地があるとされています。

このように「十住心」は、一人一人の心のありようを述べるばかりでなく、さまざまな宗教や仏教の宗派を、それぞれ十の段階に当てはめて説かれてもいるわけですが、第四住心の位置づけをご理解いただけましたでしょうか。

「マッチ一本」を擦るきっかけ

話を元に戻しまして、先ほど申しました、第四住心における「災禍」の「時運」とは、一元（四五六〇年）に、陰陽の陽の災い、すなわち、干ばつの類いが五度、陰の災い、すなわち洪水の類いが四度起こるというもので、この災いを予測し予防することを目的として、「易」が創案されたようです。

これほど頻繁に災害が起こる原因の一つには、この地球上の生き物のレベルが全体としては、この第四住心を抜けられずにいる、ということなのでしょうか。

しかしながら、この「時運」という名の災害は、地球全体が陰陽のバランスをとるための、いわば「地球の背伸び」のようにも感じられますので、なかなか避けることは難しいのかもしれませんが、いかがでしょうか。

禅の大家と言われたお方、菅原時保老師の回顧談に、こんな話がありました。

「新潟で生まれて、七つの時に群馬のお寺に小僧修行に出された。ある農家に経を読みに行った。まだ十歳にもならぬ時だったが、ふと、赤ん坊の泣き声がするので見ると、板の間をはいずりながらおしっこをしている。赤ん坊の後ろにはしゃもじが落ちていた。それにおしっこがかかっている。何も知らぬ母親はそのしゃもじを拾うと、そのままお櫃にご飯を移すんだ。わしはおどろいたなあ。食事が出たが箸を付けずに帰ったよ。

それから七日過ぎて、またその家に行った。読経が済むと、その家のおばあさんが熱い甘酒を出してくれた。寒い日だったし甘いし嬉しかったので、何杯もお代わりをしたものだった。おばあさんも喜んでくれて、『小僧さんありがとう。この前は何も食べてくれなんだので、ご飯がみんな残ってのう』。わしはまたびっくりした。七日前のおしっこのかかったご飯が甘酒になったとは知らなんだが、もう取り返しはつかん。わしは甘酒を見るたびに思いだすなあ」と。

幸福も災いも、自分が受けなければならぬ縁もあるということなのでしょう。ならば、この「時運」による災害は「良きも悪しきも清濁あわせ飲み浄化する」という心をもって、「正常性バイアス」を度外視してでも迎え入れねばならぬのでしょう。

次の「天罰」による災害ですが、「教令理に乖《そむ》くによって天これを罰す」とありますから、今日、地蔵流しの行事に参加なさるほど篤信の皆様には関係のないことでしょうから省きましょう。

次は「業感」による災いですが、これは人間が生きる上において、どうしても作ってしまう罪、汚れのことだと思います。動物、植物の命をいただいて食し、命を繋いでいますし、虫を殺すこともあれば、小さな嘘をつくこともあるでしょう。それは日常的に溜まっていくものですから、いかんともしがたいことですが、何とかこれを最小限に抑える努力は必要なことです。しかし、全てを清浄に保つことは困難です。お釈迦様の時代にも、同じように悩んだ弟子の一人が、お釈迦様に教えを乞うた物語があります。

お釈迦様は「コップ一杯の水に一握りの塩を入れたこの水は飲めるのだろうか」と問われます。弟子は、「とても塩辛くて飲むことはできません」と答えます。「ならばこの一握りの塩をガンジスの流れに投げ入れたら、やはり飲めなくなるのだろうか」と重ねて問われますと、弟子は「ガンジスの水は、いつもと同じようにおいしく飲むことが出来ます」と答えました。

お釈迦様は、悪いことをしてしまったら、それの何十倍も良いことを一生懸命に積み増すことが大事、そのように教えておられるのです。そういう暮らしを心がけることが、仏教徒としての生き方であろうと思いますが、いかがでしょう。

「もう今年で七十歳になった。私は八十歳になった。この年まで作ってきた罪が、そう簡単に消えるとは思えない。生きている間に『業感』の罪による災いを受けなければならないのだろうか」と、お考えの方もおられることと思いますが、そこはご安心ください。これもお釈迦様のお話ですが、こう述べておられます。

「今まで作ってきた罪が荷車五十台分の薪であったとするならば、その薪を焼き尽くすのにどれくらいの火種がいるのだろうか。たくさんの火種はいらない。マッチ一本あれば、きれいにその悪業という薪を燃やし尽くすことが出来るではないか」とお説きになられておられます。

そのマッチ一本を擦るきっかけが必要だということです。今日のこの「地蔵流し」は、素晴らしい機会なのです。きっかけさえつかめば、後は調和の心を持って生活すれば、楽しく、嬉しい人生を送ることが出来ることでしょう。

仏道修行者のことを「菩薩」と呼びますが、凡夫と菩薩の違いは、ただ一点、この「調和の心」をいつも持っているか否かということに尽きると考えています。

菩薩として生きる

では、その「調和の心を持ち続ける手段」とはなにかということになりますが、真言宗では「身密《しんみつ》・口密《くみつ》・意密《いみつ》」という、「体を動かすこと、話すこと、考えること」の三つを仏様のレベルと同じにすることが、「即身成仏《そくしんじょうぶつ》」の基本であり究極であるということを説きます。今日はとくに「口密」、言葉の大事をお話しましょう。

末の息子が幼稚園の頃です。泳ぎが苦手の息子が明日からプールに通い始めようという前夜のこと。突然私の布団に潜り込んできて、「あーぁ、プールにいきたくないなぁー。フウッー」とため息をつくのです。一度目は聞き流したのですが、今度は耳元に近づいてきて「あーぁ、プールか……行きたくないなぁー」と、またため息をつきます。

幼稚園児のため息は、こちらの魂が抜かれるような感じがします。そこで、浦島太郎の物語を少し聞かせて、「今度の夏にはみんなで海に行って、たくさんのお魚さんと一緒に楽しく遊ぼう。そのためにプールにお稽古に行くのだから、きっと楽しいよ」というようなことを話しますと、「わかった！」と言って眠りにつきました。

翌朝、私の目覚まし時計が鳴ったとたん、「よっしゃー」と言って起き上がったのです。「どうした」と声を掛けますと「プール！」と言って、また寝てしまいました。楽しい夢でも見ていたのでしょうか。

その時、昨晩のことを思い出しました。「こんなに災害が多い時だから、この山奥でも安心はできない。津波が来ても溺れないように泳ぎの練習をするんだよ」とでも言っていたら、今朝の彼の元気はあったのだろうか、ということが頭をよぎりました。

たった一言なんですね。ずいぶんと怖さを感じました。日常の何気ない一言が、子供や接する人たちの心を励ましたり、傷つけたりしているのではないか、という怖さを感じました。たった一言で生きざまが変わる。まさに「言魂《ことだま》」なのだということを、改めて実感しました。

言葉についてはこんな話もあります。明治時代に三遊亭圓朝という落語の名人がおられました。落語家としては最高にあぶらがのっていた頃、剣の達人であり、仏道も学んでおられた山岡鉄舟の家に呼ばれたのです。そこで「桃太郎」を一席披露したところ、鉄舟は意外にも、「小さい頃、母親に桃太郎の話を何度もしてもらった。そして何度聞いても面白かった。落語の名人ならばもっと面白いかと思ったが、ちっとも面白くない。もう二度と聞きたくない」と言われたのだそうです。

これを聞いた圓朝が理由を尋ねたところ、「おまえさんは舌先で話そうとしている」と。大いに恥じた圓朝は以後、慈愛をもって話すことに心を注いで、芸と人間の幅を広げたという話が伝わっています。

「あたたかい言葉は訓練で発することが出来る」ということですね。ここぞという場面、しかも、とっさに慈愛のこもった言葉を口にすることはとても難しいことです。後になって「ああ、こう言えば良かった、ああ言えば良かった」と思うことは、誰しも度々ありますね。

「四摂《ししょう》とは、いわゆる布施と愛語と利行《りぎょう》と同事《どうじ》となり。無始の慳貪《けんどん》を調伏《ちょうぶく》し、及び有情を利益《りやく》せんと思うがゆえに、まさに布施を行ずべし」（『秘密仏戒儀』）

そのように、お大師様もお説きになっておられます。「四摂」とは、仏教や密教にふれて、「自身大日、自身仏を自覚して生きよう」とする者の日常的な実践徳目です。いつも心に留めておくべきこととこともいえるでしょう。

その中でも一番実践しやすく基本になるものが、「愛語」なのだろうと思います。先ほど「あたたかい言葉は訓練で発することが出来る」と言いましたが、具体的な訓練方法が「釈尊物語」には説かれています。

お釈迦様に憧れ、同じ修行をしたいと考えた男が、お釈迦様の許を訪れて質問します。

「あなたがどんな修行をしているのか知りたい」

するとお釈迦様は、

「朝起きて、顔を洗って、歯を磨いて、瞑想して、托鉢に出かけて、……」

と毎日を普通に過ごしていると答えられました。すると男は、

「そんな当たり前のことを聞きに来たのではない。あなたがやっている特別な修行の方法を知りたいのです」

と詰め寄るのです。お釈迦様はそれに答えられて、

「顔を洗っている時は、顔を洗っていると気づきながら顔を洗っています。気づきながら

歯を磨き、気づきながらお茶をいただいています。それが他人と違うところでしょうか」と言われたそうです。どのような些細なことも、集中することによって輝きを増すというお教えなのでしょうか。

日常の何気ない動作が「色」であれば、集中することによって、日常の全てが「空」への足掛かりになるということとも感じられます。「日常の集中」を心がけておれば、大難は小難として受け止められるでしょうし、小難は気づかぬ間に消滅してしまうのだと思います。

そうすれば、もちろん「愛語」は自然と発せられるようになり、「業感」も最小限にとどめられ、「守られるべくして護られる」ということです。大きな喜びやチャンスも、それを受け止めるだけの心の準備が出来ている人に、優先的に訪れているようにも感じられるのです。

私ごとで恐縮ですが、昭和六十一年から上田流尺八道三代目家元、上田芳誠先生にご縁をいただき、もう三十年以上、尺八を趣味の一つとしています。

教則本の初めには、流祖上田芳憧先生の「上田流真髄文」が掲げられております。

「それ尺八道は竹の如き心もて、仁・義・礼・智・信の五孔を堅く握りしめ、誠心を持って吹き貫くを謂う也」

稽古の初めには黙読し、心を静めて、五孔を握ります。竹には五つの徳があり、まずは「供有の徳」。竹は一本一本、別々に立っているように見えるが、地下茎ではすべてが繋がり、お互いを支えあっている。

次に「常緑の徳」。いつも緑で清々しい。三番目は「清節の徳」。一本の長い竿に見えるが、節目、節目をきっちりとつけている。

四番目は「虚心の徳」。節と節の間は常に空の境地であり、清濁あわせて受け入れ浄化する心。最後に「飛竜の徳」。上に向いてまっすぐに伸びてゆこうとする素直な心。

この五つの徳は、表現こそ違え、孔子、孟子が説いた「仁・義・礼・智・信」の五常の徳目そのものであると教わりました。

仁は、人間が守るべき理想の姿。優しさと施しの心を持ち、常に人の立場に立って、ものごとを考えることが出来る力。

義は、利欲にとらわれず、勇気を持って正しい道を貫くことが出来る力。

礼は、礼儀、礼節のこころ。自分を律し、常に節度ある行動が出来る。親や目上の人に礼儀を尽くし、相手には、敬意を持って接することが出来る力。

智は、人や物事の善悪を偏りのない考えで、正しく判断することが出来る力。

信は、心と言葉、行いが一致し、嘘がない。人に信頼される力。

この全てを兼ね備えて、真心と思いやりを持ち、誠実に人に接すること。これはなかなか出来ることではありませんが、せめて稽古の間くらいは意識せよ、との教えでありました。

「笛の音色は、吹き手の心がそのまま音になる」と教えられていますので、先生と相対しての稽古の時は緊張そのものです。そこで、緊張緩和のために、「今、自分は竹である」と思って、大自然と調和し、その中で悠々と生きる竹を観想しながら吹くのです。

無の心から有を生むような気持で吹奏する。この稽古時の感覚が普段でも自然に感じられるようになれば、どのような状況下であっても、平常心で、正しい判断が出来るのではないか。眼に見えて何かが変わるということはなくとも、こんな思いの中に身をおくことは、悪業を作らぬための、人生修行の一方法でもあるのではないかとつくづく思うのです。

あれこれと申し上げましたが、この年の今までにありました災害や慶事のことを思い返しながら、常日頃、心掛けたいと念じていることの一端をお話させていただきました。

今日のこの清々しい「地蔵流し」の法要は、皆様方にとりましても、仏性開花への大きな弾みであったと確信いたしております。ともに祈らせていただき有難うございました。

鏑射寺万華鏡

「摂津の国第一の壮観たり」

今日は、鏑射寺がございます神戸市北区道場町《どうじょうちょう》のお隣、三田《さんだ》市の方々とご縁をいただきました。まことに有難うございます。

市制が敷かれるまでは、同じ摂津の国、有馬郡でありましたから、同郷のよしみを感じさせていただいております。

その『有馬郡史』には、「鏑射寺は、摂津の国第一の壮観たり」と記述されていますので、鏑射寺の歴史について話をするようにとのことで、お招きをいただいた次第でございます。

鏑射寺という漢字を初めて見て、「かぶらいじ」と読んでくださる方はほとんどいらっしゃいません。この珍しい寺の名前の由来は、弓矢の「矢」にございます。皆さん方、お正月になると、神社やお寺で破魔矢をいただくことがおありだと思いますが、矢の先に野菜の蕪《かぶら》のような形をした丸い物が付いている矢を「鏑矢」と言います。放つと「びゅー」と大きな音が出ます。

この鏑矢は、戦国時代頃までは、互いの大将が名乗りをあげた後、空に向かって戦闘の合図として放たれたもので、「戦闘で一番最初に放たれる矢」ということから「一番矢」という意味があります。

新入生や新社会人、新築や引越しなど、その年から新たにスタートをなさる方には、心機一転、新しいことを始める時の心の準備として、鏑矢は最適な縁起物と言えるでしょう。

この矢を、「聖徳太子が敵の軍勢に対し戦闘を知らせるため射られた」ので、「鏑矢を射た寺」ということで「鏑射寺」と呼ばれるようになったと伝えられており、また、太子が仏教弘通のお心をもってこの山から矢を射られた、という説もございます。

仏教の教えの中に、「三心《さんじん》」という語があります。「発心、決心、相続心」の三つですが、発心は始めようとする心。決心とは、心を決めて物事を実際に始める心。相続心は、それを続けて行く心です。何が一番難しいかと言えば、やはり続けることが難しい。物事を始める前にこの鏑矢をいただいて、目に見えるところにお祀りしておくことによって、くじけそうになった時、初心を思い出し、継続の力となることでしょう。お正月に鏑矢を授かるのは、これに由来しております。

今日は、今までに鏑射寺の名前をご存じの方、そして実際に一度でも足を運んでお参りくださった方が大勢いらっしゃると伺いました。ですが、現在の寺の様子をご存知でない方もおられますので、簡単にご説明申し上げます。

鏑射寺は、JR福知山線道場駅から、急な坂道を武庫ノ台ゴルフコースに向かって二キロ登った山中にございます。

明治六年に天誅組と称する三田九鬼《くき》藩の不逞武士が、周辺の神社仏閣を襲い、火を放ちました。当寺もその難に遭い、その後、廃寺となりました。時を経ること百年あまり、久《く》邇宮《にのみや》朝融《あさあきら》王《おう》殿下が、復興を呼びかける人々に応えられ、生い茂る草をかき分け、道なき道をよじ登られて、寺の再建と国家国民の安寧を祈られました。

そのご縁により、昭和三十四年に、私の師父であります現山主の中村公隆師が、復興のために入山し、祈願に入りました。以来五十数年、元寺領であった山地の買収から始まり、堂塔建立を進めて、現在に至っております。

私は小さい頃、道場小学校に通っておりました。当然、まだその時は今のような道もなく、獣道のようなところを下って里道に出て、片道四キロの道を徒歩通学していました。その頃、毎年冬になると「鍛錬遠足」というのがございました。「みんなで歩いて体を鍛えよう」という遠足ですが、小学校六年間のうちの二度、鏑射寺が目的地でした。皆には年に一度の鍛錬遠足です。私は毎日が鍛錬遠足でした。その小学校から二キロも離れていないところが、ここ三田市です。

今回、このような機会がいただけましたのは、数年前、心月院様の蔵で発見された江戸時代の「三田八景」の絵と詩の中の一枚が、「鏑射寺の鐘」ということで、昨年、この三田生涯学習カレッジの一部の方々が、当山を訪ねてくださいました。その後、林先生、船城先生はじめ、多くの皆様方のご縁を得まして、ここに立たせていただいている次第でございます。

私は読んでいないのですが、三月の末ごろに三田市、神戸市北区を中心とする、どこかの新聞か雑誌に、「聖徳太子開基の寺」として鏑射寺が紹介されたそうです。また、先月、三田市の広報紙に今回の記事を載せてくださったのだそうです。それを見て、ハイキングに訪れてくださった方が何組かございまして、お声掛けくださいました。

また、三田学園時代の友達から、実に三十年ぶりに電話をもらいまして、昔の友達数人と話す機会を持つこともできました。「記事を読んだぞ。君は次男だから、てっきりよそに行っていると思っていたが、居るんなら出てこい」というわけで、久しぶりに友人達との再会を楽しみました。それを機に次々と昔の友達との連絡がつきました。人の縁とは、あらゆるところで繋がっているということを実感した次第です。

弘法大師は、「六大無碍《むげ》にして常に瑜伽《ゆが》なり、四種曼荼《ししゅまんだ》各々《おのおの》離《はな》れず、三密加持《さんみつかじ》すれば速《そく》疾《しっ》にあらわる、重重帝網《じゅうじゅうたいもう》なるを即身《そくしん》と名《なづ》く」と、『即身成仏義』にお記しです。

わかりやすくは、「毛鱗角冠、蹄履尾裙、動物植物、有情、非情、同じく平等の仏性を鑑みて、たちまちに不二の大衍を証せん」と、尾っぽのあるもの、鱗のあるもの、とさかや蹄を持つもの、全ての動物、植物、情のあるもの、情のないもの、石や風や空気までも、同じ仏性という共通項を持っている。その本来の姿に気が付くことが出来れば、全てのものが繋がっている、ということです。

今日のご縁も、不思議なことと思いますが、大師は「思議至らざるを不思議という也」とも説かれております。今の自分の能力では分からないことだから、それを不思議と思うのであって、観る人が見れば、もしくはこちらが一段高いところに立つことが出来たならば、何の不思議でもなく、必然であることが理解できるというのでしょう。ですから、今日のことは、有難い必然と肝に銘じて、ここに立たせていただいております。

さて、今日はいつもと違った緊張感を覚えております。それは、皆様が「三田生涯学習カレッジ」の学生さん、または、その卒業生でいらっしゃるということ。つまり、楽しんで、かつ、緻密に勉強を続けておられる方々ばかりであるとお見受けしているからです。ですから、しっかりと裏付けのあることをお話しなければならぬというプレッシャーからです。そしてこのお話を依頼されました時の演題が、「鏑射寺の歴史について」ということだったからです。このテーマをいただきました時、真っ先に思ったことは、「この演題でお話が聞けるのならば、私が聞きたい」、「本当のことをご存知の方がおられるのならば、私こそ教えていただきたい」と思ったからです。

先ほど、概略をご紹介申し上げましたが、お手元にお配りしました「鏑射寺略縁起」にも書いてございます通り、南北朝時代、南朝方に味方して焼き打ちにあったり、廃仏毀釈や天誅組による暴挙、また山火事のもらい火などで、幾度も廃寺となっておりまして、昭和三十四年に、師父が久邇宮様のご縁により、鏑射寺復興に上がりました時は、ジャングルの中に、屋根は落ち、床は抜けて、崩れかけたお堂が一つと、堂内には腰まで塵で埋まった観音様と、床下に小さな仏像が転がっていただけでした。その仏像を修復しましたところ、大寺を物語る貴重な仏様でしたが、当然、寺には一切の書付資料は残っておりません。

それでもここ数十年の間に、いろいろと調べはしておりまして、近くのお寺さんの半鐘に「鏑射寺什」と記したものがぶら下がっていたり、また「鏑射寺什」と記された掛け軸の箱を目にしたこともございます。さらに、「摂津の国第一」であった頃の鏑射寺の様子を書き付けたものが、周辺のお寺さんからちらほら出てきたりしています。摂津西国、郡西国の観音霊場の札所であったということも、中山寺様からのお知らせによってわかり、霊場会が復活再開したというわけです。

これから申し上げますことは、現存する比較的新しい書物や、地名、地形、発掘された文物、寺に残されていたわずかな物から読みとれる、その点の部分にすぎません。いわば歴史資料に十分に裏打ちされたものではなく、「鏑射寺物語」を聞くというようなつもりで気軽にお聞きくださいますようお願いします。

聖徳太子ゆかりの寺

まず鏑射寺がありますが山は、古来より神穂倉《かみほぐら》の山と呼ばれ、奈良の大神《おおみわ》神社と同じように、山自体が神様として祀られていたようです。山の頂上に「神八井耳尊《かんやいいみみのみこと》」と伝えられる祠が祀ってあります。「神八井耳尊」とは、初代神武天皇のご次男で、戦を嫌って第二代天皇を弟の綏靖《すいぜい》天皇に譲られ、祈りによって国を守ることに専念されて、後に姿を消されたお方です。その祠の後方には、直径約三メートルほどの石積みが七ヶ所、北斗七星の形に現存しております。「有馬温泉史話」によりますと、「鏑射山《てきしゃさん》の頂上に神八井耳尊を祀った大神奈備あり」と記されていることと符合します。

事実、弥生以前の土器や、磨製の石剣などが出土、現在、神戸市立博物館に、そのレプリカが展示されています。山の裾野、道場駅の裏には「巫女が谷古墳群」といって、巫女さんの古墳が数基、現存しています。拝まれていた霊山であったということは事実です。

時は下って聖徳太子の時代になるわけですが、鏑射寺は聖徳太子の開基、「御生母のお里にある山がたいそうお気に召して」と、拾った文献には出てくるのですが、お母様は穴穂部の皇女ですから、そうであれば出身地が違うということになります。ただ、お母様については幾説もありますが、「乳母の郷」であったのではないかとも推測できます。

『有馬郡史』は、昭和四年に刊行されました。そこには、延喜十七年（九一七）、三十六歌仙の一人としても有名な藤原中納言兼輔によってまとめられたとされる『聖徳太子伝歴』を引いて、「敏達天皇の十年（五八二）に、蝦夷というふうに呼ばれていた東北地方を拠点とした蛮族が辺境に仇す」と書かれていますから、この辺りを攻めてきたというわけです。そこで太子が鏑矢を放つと、「敵陣に鳴動して天より降り、地に響いて振動し山河崩れるが如し」とあり、戦わずして兵を引いたというのです。そこで聖徳太子は、寺を建立し、鏑矢を奉納された。その寺が鏑射寺であるというわけです。

三田の虚空蔵寺様の記録によれば、「鏑射寺は摂津の国第一の壮観たり」と書かれてあります。これは最初に申し上げましたが、同じく虚空蔵寺の縁起書には、「聖徳太子が鏑射寺に住しておられた時、虚空蔵山を霊山と感じ、使いの者を調査に向かわせ、やはり神様を祀った遺跡がある霊山と知り、虚空蔵寺を開かれた」と記されてあります。虚空蔵寺が推古天皇の時代ですから、年代としては一致します。また、この頃、鏑射寺から命を下し、猪名川町の「大野山にも伽藍を築かせた」とあります。今は天文台などがありますが、遺跡や伽藍の跡地があったようです。

今になって分かったのですが、不思議なことに、その三ヶ寺は一辺十六キロの正三角形で結ばれています。「わずか七歳で経典六百巻を理解した」と伝えられている聖徳太子ですから、何かピラミッドパワーのようなことも知っておられた可能性があります。ここ三田市は、その正三角形の中に位置しています。「三福田《さんふくでん》が三田の由来」と言われていますが、これは今でいう「霞が関」のようなところと言っても過言ではないでしょう。聖徳太子は、一大理想都市をお作りになろうとされておられたのだと思います。

「田舎の学問より京の昼寝」という言葉があります。これの元は「京の学問より高野の昼寝」なのです。京都で一生懸命に勉強しているより、高野山という聖域で、たとえ昼寝をしていても、清らかな空気や遠くから聞こえてくるお経、お香のかおり、学識者の問答が心身に沁みて、得ることが大きいという意味なのです。聖徳太子は、「三田の昼寝」と言われるほどの理想都市を、この三田に求められていたのだと思っております。

その一大理想都市を作るためには、人を育てる教育の場所が必要です。太子は仏教の考え方を中心とした教育の場として、鏑射寺を中心として道場をお開きになったのだと推測されます。その鍵は地名に見ることが出来ます。

鏑射寺は神戸市のはずれ「道場町」に在ります。この「道場町」というめずらしい地名の由来は案外と知られていません。サンスクリット語の原典では、ボーディ、マンダと記され、「菩提樹下の釈尊が悟りを開いた場所」、つまり「金剛宝座」、「魔が入らず成就が約束された場所」という意味です。これをそのまま音写したものが、「菩提《ぼだい》」、「曼荼《まんだ》」であります。

「菩提」は「悟りを求めて生きた人、その人の生きざまそのもの」のことです。「菩提を弔う」と言いますが、「亡くなった方の生き様を讃え、その教えをいかにこの身に生かすか、さらに追善の供養をすること」と考えられます。

また「曼荼」は「本質」のこと。仏教では、「草木国土悉皆成仏」として、この世の構成物、地・水・火・風・空・識という六大、つまり、土も水も火も風も、空も草木や石、虫や獣までも、自分と本来同じ命を共有する大自然の一部であるという、「本質」を認識出来た心の状態、個々の輝きを「曼荼」というのです。羅は複数形でありますから、輝きの集合体のことになります。

この二句の全ての意味を取って、「道場」と訳されました。「道」という字は、首という字と辶（シンニュウ）で出来ています。首は「命そのもの」を表します。シンニュウは、それを乗せて運ぶ橇《そり》という意味ですから、いつも命がかかっていることを意識して、悟りに向かって精進すること。そして、その成就が約束されている場所が「道場」なのです。

皆さん、何か困ったことがあったり、乗り越えなければならない大きな障害が立ちはだかった時、「命がけでここを乗り切ろう」と発心して、物事に当たられたことはないでしょうか。まさに死に物狂い、一生懸命、命がけでことに当たる。そんな気持ちでやると、うまく切り抜けられることがあった経験をお持ちではないでしょうか。火事場の底力のようなものが湧いてくる経験も、されておられることでしょう。

その時には、結果のいかんにかかわらず、充実した時間を送ることが出来たのではないでしょうか。道場とは、命がけを認識してことに当たることによって、必ず物事の成就が約束された場所、という意味があるのだと思います。

鏑射寺再興へ

さて、聖徳太子によって創建され、「摂津の国第一の壮観たり」と称されていた寺ですが、南北朝時代、南朝方に味方して焼き打ちに遭い、戦国時代と呼ばれた永正の頃、一五一四年、義慶上人による復興が始まりました。その復興趣意書も、『有馬郡史』に残されております。その後、太閤秀吉も三度参拝されるなど、隆盛を極めていたようですが、江戸時代に焼失し、一時、廃寺になったようです。

先ほどの、江戸時代の三田八景「鏑射寺の鐘」という詩文と共に、車瀬橋辺りから見た鏑射寺の全景が描かれておりますが、そこに描かれている三重の塔も実際はどこにあったか、いまだ跡地はわかっておりません。現在の塔は、昭和四十八年の再建で、いまある境内の山を少し削って立てたものです。

当時、寺領は六百町歩ほどあったことも確認されて、文久二年（江戸末期）に、勇阿上人が復興に入られ、現在ある石の四国八十八ヶ所や、西国三十三ヶ所を造られましたが、三田藩の不逞武士によって焼き打ち、打ち壊しに遭い、荒れるがままになっておりました。

その後、何人かの僧侶が入山し、復興を試みられたようですが、いずれも三年も持たずに断念されたようです。

昭和三十年　戦後復興の兆しが出てきた頃、昭和皇后のお兄様、久邇宮朝融《くにのみやあさあきら》王を中心として、「物心両面の復興が必要」とのことから、霊山復興を発願、鏑射寺にも足を運ばれ、人選をされたとのことです。

この時、三田では田中実道師が音頭取りをされておられました。三田市山田のお方で、大般若経六百巻を写経なさった居士です。いろいろなルートから、当時高野山大学で学生課長をしておりました私の師父に白羽の矢が立ちました。

あらゆる方面から「あなたしかいない」と言われ続けていたようです。「一度会いたい」とおっしゃられましたので、お断りもならず、東京で久邇宮様とお目にかかったそうです。その時、ちょうど台風が直撃ルートで進んでいたのですが、武官の方が「東京への直撃は避けられたようです」と報告された折に、一同は「よかった」と胸をなでおろしたところ、宮様は「どこに来ても困るんだ」とおおせられたとのこと。そのお言葉を聞いて、師父は復興をお引き受けしたそうです。

もちろん道もないようなところ、草木をかき分けての復興だったようです。いま護摩堂が建っておりますが、その材料の全ては、山の下から人力で担ぎあげたのです。私たちも幼稚園の帰りに、瓦や砂袋を運んだことを覚えております。私の三つ上の兄はこの話になるたびに、「公昭は一枚、僕は二枚」と、いまだに言って笑っております。

その後、隣にゴルフ場の開発が進められることになりまして、関電の芦原義重さんというお方が寺をお尋ねになられた折に、廃寺復興を知られ、三田からゴルフ場までの道路を変更して、寺の前を通す道場駅からのルートにしてくださったと聞いています。寺の前に道がつき、電気も引いてくださり、そのおかげで廃寺復興に大いに弾みが付きました。

しかしこの開発は、良きにも悪しきにも関わりがありまして、今、クラブハウスのある辺りには、大人三人で一抱えほどの井戸があったようですし、古地図に大きく「墓地」と記してあるところは、コースの真ん中になっています。頂上の神奈備址だけは、やっとの思いで残してくださったようです。寺の復興にとって道は欠かせないものですが、寺の歴史検証は難しくなりました。

おかげさまで、寺の復興は順調に進んでおります。昨年七月には、弘法大師をお祀りする大師堂も完成致しました。久邇宮様とのお約束通り、「国の安寧と国民の幸せを拝む」ということ、師父はそれだけで進んでまいりました。一日に七時間は諸堂に入って拝んでおります。八十歳過ぎまでは、毎日欠かさず水垢離をとっての祈願でした。寒い冬などは氷を割って水を汲んでかぶっていましたから、米寿を機に止めていただくよう皆でお願いをしたほどです。

明治の廃仏棄釈以来、廃寺でしたから、もちろん檀家はありません。が、全国各地からのお参りはぼつぼつございます。どうぞ皆様も一度ご来山いただき、「国の安泰と国民の幸せ」を、共にお祈りしていただければ、まことに有難く存じます。

なお、先ほど申しました通り、鏑射寺の創建は、古文書通りならば、敏達《びだつ》天皇の十年（五八二年）。現在、日本最古の寺と言われている、飛鳥寺、法隆寺、元興寺、ともに推古朝の時代でありますから、五九〇年代以前ならば、鏑射寺は間違いなく日本最古の寺、そして三田は、日本の国造りの原点ということになります。

これも天平のロマンでしょうか。いずれにしろ、とてつもない力と歴史のあるところにご縁をいただいたことになります。本日は、そのご縁に繋がる地元の皆様方にご参集いただき、まことに有難うございました。

（三田市生涯学習カレッジ、於三田市公民館）

あとがき

「古池や　蛙飛び込む　水の音」は、松尾芭蕉の発句で、すでに江戸時代から俳句の代名詞として広く知られています。私も幼い頃から遊びの中で慣れ親しんで来ました。私たち日本人の感性では、蛙が飛び込む前後の静寂を味わい、飛び込んだ水の音の余韻に心を洗い、大自然との一体感を無意識のうちにも感じているわけです。

しかし昨今は、飛び込んだ時の水の音「ポッチャン」にばかり気を取られ、本来味わうべきもの、自分自身の本質さえも見失っているような言動や報道が多いように感じられることが屡々あります。心を離れた科学技術の著しい発展にも、その一因があるのでしょうか。

本年五月一日より、「令和」という新元号の下、新たな時代が幕を開けました。皆様すでにご承知の通り、『万葉集』の「初春の令月にして　気淑く風和らぎ　梅は鏡前の粉を披き　蘭は珮後の香を薫らす」から引かれたものです。

「令」は会意文字で、人がひざまずいて神仏（大自然）からのお告げを聞く姿ということだそうです（『字通』白川静）。その出典も、意味も、音の響きも、まことに床しく思われて、それにふさわしいよい時代の幕開けを請い願うばかりです。

密教において凡夫と菩薩の違いは、「自分以外の人々や大自然との調和がとれているか否か」の一点で言い表すことができるのではないか、と思っています。

弘法大師は、「心境冥会して道徳玄かに存す」（『性霊集』）と記しておられます。人々が美しく心を寄せ合う中で、重厚なる文化が生まれ育ち、人々の心と環境は繋がっているがゆえに、人の心が清くあれば、自然の環境も清々しいものに育つ、とのおおせです。

人間とて大自然の一部、何事も謙虚に聞く姿勢を保つこと。年号の意味する「和せ令む」心で毎日を過ごせば、自ずと密厳浄土が具現することでしょう。

ひたすらに「密教を生きる」師父の下で育った私は、その有難さ、稀有の縁に長らく気付かぬままに打ち過ぎてまいりましたが、二十二歳の時に手にした一冊の本が契機となり、愛染の峰へと導かれました。

高野山大学では、故・田中千秋先生に「お大師様の凄さ」を植えていただきました。高野山大学元学長・高木訷元先生は、「マッチ一本」というお言葉で、仏性に気付き、火を付けなければ役に立たぬことを強烈にご教示くださいました。そのお姿、お言葉は、今も私の中に息づいております。

帰寺して、神仏と師父の許で仕え行ずる日々を過ごして、現在に至りました。その間の折々に書き留めましたもの等を寺報に掲載しておりましたが、それらをまとめて本にしては、とのお勧めをいただきました。いま読み返してみますとただ恥入るばかりです。

けれども、春秋社編集取締役の佐藤清靖氏の「マッチ一本を擦る機会」とのご助言に導かれ、春秋社社長神田明氏と、前社長の故・澤畑吉和氏の篤い包容力に励まされて、一冊の本として上梓させていただくこととなりました。

お読みいただく方にとって、本書がなにがしかの力となりますならば幸せです。

本年九月一日に、鏑射寺は中興六十周年を迎えます。寺の還暦と共に新元号となりました。古来よりの大いなる歴史をしっかりと振り返り、咀嚼したうえで、密厳浄土の顕現に向けて、心身と環境の整備を続けてまいります。

合掌

令和元年六月十五日

中村公昭

著者略歴

中村　公昭（なかむら　こうしょう）

1962年（昭和37年）大阪府池田市に生まれる。

1978年（昭和53年）堀田眞戒師に従って高野山にて得度。中村公隆師に師事。

1986年（昭和61年）高野山大学密教学科卒業。鏑射寺執事。

1989年（平成元年）鏑射寺副住職。鏑射寺函館別院主監。

2015年（平成27年）鏑射寺住職（現任）。

密教の生き方

二〇一九年八月二十五日　第一刷発行

著　者　中村公昭

発行者　神田　明

発行所　株式会社　春秋社

東京都千代田区外神田二—一八—六（〒一〇一—〇〇二一）

電話〇三—三二五五—九六一一　振替〇〇一八〇—六—二四八六一

http://www.shunjusha.co.jp/

印刷所　株式会社　太平印刷社

製本所　ナショナル製本協同組合

装　丁　伊藤滋章

定価はカバー等に表示してあります

 ISBN978-4-393-17238-4